Straßburg

W0083614

Die Autoren

Claudia Christoffel-Crispin und Gerhard Crispin

sind in Saarbrücken aufgewachsen. Das Leben an der deutsch-französischen Grenze ist für die Politologin und den Journalisten Alltag, und Straßburg war eines ihrer ersten Reiseziele in Frankreich.

Corina Oosterveen

ist seit ihrer Kindheit mit dem Elsass verbunden. Die Sozialwissenschaftlerin und Kulturpädagogin schreibt über Themen aus dem Bereich französischer Volkskultur. Zudem leitet sie Studienreisen nach Straßburg und ins Elsass.

Reiseplanung

Land & Leute

Unterwegs in Straßburg

Altstadt auf der Illinsel 58

Die vom grandiosen Münster überragte mittelalterliche Altstadt
ist Straßburgs Besuchermagnet Nummer eins, besonders dicht
drängen sich die historischen Fachwerkhäuser im malerischen
Gerberviertel. Rokoko und Klassizismus prägen das Französische
Viertel im Norden der Illinsel, wo das Geschäftsleben pulsiert.

Krutenau 102

In der ehemaligen »Kraut-Aue«, einst Heimat von Gemüsebauern
und Flussschiffern, sind die Einheimischen bislang weitgehend
unter sich geblieben. Am Abend füllen Nachtschwärmer die
beschaulichen Plätze und stillen Gassen des Viertels mit Leben.

Deutsches Viertel 111

Weitläufige Plätze und Prachtbauten in unterschiedlichen historisierenden Stilen bestimmen das Bild in der Wilhelminischen Neustadt, die nach 1871 angelegt wurde. Die Villen um den Parc des
Contades gehören zu den begehrtesten Wohnadressen Straßburgs.

Europaviertel 122

In den futuristischen Glaspalästen am Illufer wird das Europa
der Zukunft gestaltet. Hier präsentiert sich Straßburg modern
und kosmopolitisch. Gleich nebenan gibt der idyllische Parc de
l'Orangerie Gelegenheit zu einer Rast im Grünen.

Reiseplanung

Die Stadtviertel im Überblick

Fachwerkidylle und moderne Hightech-Architektur, kleinstädtische Beschaulichkeit und kosmopolitische Offenheit, Traditionsverbundenheit und Experimentierfreudigkeit u.a. in ökologischen Belangen – Straßburg steckt voller überraschender Kontraste. Trotz ihres beeindruckenden baulichen Erbes ist die Stadt weit davon entfernt, einem Freilichtmuseum zu gleichen. Nicht nur Touristen erfüllen die historische Kulisse mit Leben, sondern auch der Tross der EU-Funktionäre, Studenten der renommierten Universität und die Straßburger selbst, die in der Innenstadt ihrer Arbeit nachgehen oder Besorgungen tätigen.

Straßburgs größter Publikumsmagnet ist die **Altstadt** auf der nur 1,5 km langen und fast 1 km breiten Illinsel. Von Kriegsschäden weitgehend verschont geblieben, hat sie ihren mittelalterlichen Charakter bewahrt. Wegen der Geschlossenheit der historischen Bebauung wurde das vom Münster überragte Ensemble zum UNESCO-Welterbe erklärt und für den Autoverkehr gesperrt. Die Altstadt ist so kompakt, dass man sie am besten zu Fuß erkundet. Fachwerkgesäumte Plätze, an Kunstwerken reiche Kirchen und hochkarätige Museen liegen nur Schritte voneinander entfernt. Doch nicht nur Kulturschätze gibt es zu entdecken: in den Einkaufsstraßen nordwestlich des Münsters locken schicke Boutiquen, Designerläden und Feinkostgeschäfte. Sehen – und v.a. schmecken – lassen kann sich auch die Restaurantszene: Das Spektrum reicht von eleganten Gourmettempeln über rustikale Weinstuben bis zu Imbissen aus aller Herren Länder.

Die Fachwerkromantik der Altstadt kulminiert im Gerberviertel mit seinen von alten Brücken überspannten Ill-Kanälen. Beim Bummel durch die verwinkelten Gassen entdeckt man auf Schritt und Tritt lohnende Fotomotive, und auch die Einkehrmöglichkeiten sind vielfältig.

Den nördlichen Teil der Illinsel nimmt das Französische Viertel ein, das sich zwischen Place Broglie und der modern gestalteten Place Kléber erstreckt. Als Straßburg im 17. Jh. unter französische

Straßburg steht mit einem Fuß in der Vergangenheit …

Herrschaft kam, schmückte es sich mit Adelspalästen im Pariser Stil. Das Geschäftsleben der Stadt konzentriert sich hier, doch gibt es auch noch stille Ecken: Nur wenige Touristen verirren sich in den Kreuzgang von St-Pierre-le-Jeune (protestant) oder zum originellen Aquéduc de Janus.

Südöstlich der Altstadt erstreckt sich zwischen Univiertel und Städtischem Klinikum die **Krutenau,** ein auch bei Studenten und Künstlern beliebtes Wohnviertel kleiner Leute. Von Luxussanierungen nicht völlig verschont, hat es dennoch seinen eigenen Charakter bewahrt. Die historische Bebauung ist hier weniger geschlossen, weswegen

… und mit dem anderen in der (europäischen) Zukunft

die Einheimischen weitgehend unter sich geblieben sind. Es gibt hübsche Plätze mit guten, relativ preiswerten Restaurants und Kneipen, die Szenekenner als Geheimtipps handeln. Eine besondere Attraktion sind die zu Café-Bars umfunktionierten Flusskähne am Quai des Pêcheurs.

Gründerzeitliche Prachtbauten in verschiedenen historisierenden Stilen prägen das Bild im **Deutschen Viertel,** das die neuen preußischen Herren nach 1871 anlegen ließen. Im Rahmen dieser städtebaulichen Initiative entstanden auch größere Grünanlagen wie z.B. der Parc des Contades und der Botanische Garten der Universität. Eine Ironie der Geschichte will es, dass gerade im Deutschen Viertel heute ein Großteil der nach 1945 heimgekehrten bzw. neu eingewanderten Juden lebt. Ein engagierter Botschafter jüdischer Kultur im Elsass ist der Karikaturist Tomi Ungerer, dem an der Avenue de la Marseillaise ein sehenswertes Museum gewidmet ist.

Im Nordosten der Neustadt dehnt sich das **Europaviertel** aus – hier gibt sich Straßburg modern und kosmopolitisch. In den futuristischen Glaspalästen am Illufer wird das Europa der Zukunft gestaltet. Der Grundstein für Straßburgs Karriere als Europastadt wurde 1949 gelegt, als man die Stadt auf Vorschlag des britischen Außenministers Bevin hin zum Sitz des Europarats erhob. Einige Jahre später folgten Europaparlament und Europäischer Gerichtshof für Menschenrechte. Zu diesen Institutionen gesellten sich später noch die Europäische Wissenschaftsstiftung, der Kultursender ARTE und der Europäische Bürgerbeauftragte hinzu. So hat sich die umkämpfte Grenzstadt in den letzten Jahrzehnten zur Vermittlerin eines geeinten Europas entwickelt.

Die schönsten Touren

Straßburg für Tagesbesucher

Münsterplatz › Musée de l'Œuvre Notre Dame / Palais Rohan ›
(Bootsfahrt auf der Ill) › Place du Marché aux Cochons de Lait ›
Ancienne Douane › St-Thomas › Petite France › Ponts Couverts ›
Vauban-Wehr › Musée d'Art Moderne et Contemporain

Distanz/Dauer
2,5 km; 45 Min. reine Gehzeit

Praktische Hinweise
Nur wenige Schritte vom Münsterplatz entfernt liegen die Tramhaltestellen Place Broglie (Tram B, C), Homme de Fer (alle Linien) und
Langstross/Grand'Rue (Tram A, D). Von den letzteren beiden Haltestellen kann auch die Rückfahrt angetreten werden. Morgens herrscht
am Münsterplatz noch am wenigsten Trubel; man beginnt den
Rundgang daher am besten schon um 9 Uhr. Wer einen Museumsbesuch plant, sollte die ungewöhnlichen Öffnungszeiten der städtischen Museen beachten › S. 140. Ein Tag reicht kaum für die Besichtigung aller Museen – je nach Interesse ist eine Auswahl zu treffen.

Der Rundgang durch das alte Straßburg beginnt am **Münsterplatz**
› S. 60, den historische Fachwerkbauten wie die reich verzierte ***Maison Kammerzell** › S. 70 säumen. Mit der Boutique Culture in der
Pharmacie du Cerf › S. 70 und dem Office de Tourisme in Haus Nr. 17
haben hier zwei zentrale Informationsstellen ihren Sitz. Dominiert wird
der Platz von der himmelstrebenden Westfassade des *****Münsters**
› S. 60, die als Meisterwerk gotischer Baukunst und -plastik gilt. Auch
das Kircheninnere birgt hochkarätige Kunstschätze; bewundert haben
sollte man zumindest die mittelalterlichen Glasfenster, die Kanzel, den
Engelspfeiler und die Astronomische Uhr. Wer die Mühe nicht scheut,
steigt anschließend zur Aussichtsplattform des Südturms hinauf und
verschafft sich einen Überblick über die Straßburger Altstadt. Wieder
unten angelangt, finden sich am Münsterplatz ausreichend Cafés für ein
zweites Frühstück mit Café Crème und Croissant.

Der malerische Gebäudekomplex auf der Südseite des Münsters beherbergt das ****Musée de l'Œuvre Notre Dame** › S. 68, zu dessen
Glanzstücken die Originalskulpturen und Baurisse des Münsters zäh-

Illfassade der Ancienne Douane, des ehemaligen Zollgebäudes

len. Alternativ können im angrenzenden **Palais Rohan** › S. 76 die ehemaligen Wohnräume der Fürstbischöfe besichtigt werden; der Prachtbau beherbergt zudem eine archäologische, eine kunstgewerbliche und eine Gemäldesammlung. Eindrucksvoll ist aber allein schon die Architektur der Residenz, die ihre Schauseite dem Illufer zukehrt. Wer möchte, kann hier den Rundgang für eine Bootsfahrt auf der Ill unterbrechen – die Ausflugsboote legen vor dem Palais Rohan ab › S. 18. Andernfalls folgt man dem idyllischen Uferweg entlang der Ill, der mit Bänken immer wieder zum Verweilen und Schauen einlädt. Am pittoresken **Ferkelmarkt** › S. 80 und der **Ancienne Douane** › S. 82 vorbei gelangt man zur Kirche **St-Thomas** › S. 84, die ein wahres Museum der Grabmalkunst darstellt. Weiter dem Ufer folgend erreicht man das Schleusenwerk der **Petite France** › S. 85, mit blumengeschmückten Fachwerkhäusern, alten Mühlen und Brücken eine der idyllischsten Ecken der Stadt. Am besten lässt man sich einfach durch die Gassen des Viertels treiben, wen der Hunger plagt, findet auf Schritt und Tritt nette Cafés und Restaurants. Ein schöner Blick auf das Ensemble bietet sich von der Aussichtsterrasse des **Vauban-Wehrs** › S. 88, das man über die **Ponts Couverts** › S. 86 erreicht, Überreste der alten Stadtbefestigung. Zum Abschluss bleibt vielleicht noch Zeit für das **Musée d'Art Moderne et Contemporain** › S. 89, dessen Architektur genauso bemerkenswert ist wie die Sammlung. Bei kühler Witterung kann man im Café Art zu Abend essen und den wunderbaren Blick auf die erleuchtete Altstadt genießen. Bei schönem Wetter kehrt man zurück ins Gerberviertel und sucht sich in einem der Lokale an der Place Benjamin Zix oder am Quai de la Bruche einen Tisch im Freien.

Ein Wochenende in Straßburg

Münsterplatz › Ferkelmarkt › St-Thomas › La Petite France › (Bootsfahrt auf der Ill) › Münster › Musée de l'Œuvre Notre Dame / Palais Rohan › Rue du Vieux Marché aux Poissons › Rue des Tonneliers / Musée Alsacien › Ponts Couverts › Vauban-Wehr › Musée d'Art Moderne et Contemporain › Europaviertel › Place de la République › Parc des Contades › Place Broglie

Distanz/Dauer
7 km; 2 ½ Tage

Praktische Hinweise
1. und 2. Tag: Start- und Endpunkt sind je nach Lage des Hotels die Tramhaltestellen Place Broglie (Tram B, C), Homme de Fer (alle Linien) oder Langstross/Grand'Rue (Tram A, D). Der Münsterbesuch am Sonntagmorgen lässt sich eventuell mit der Teilnahme am Gottesdienst verbinden – die Kathedrale wird dann nicht nur als kunsthistorische Sehenswürdigkeit erlebt (Zeiten der Messen › S. 64). 3. Tag: Tram E Haltestelle Droits de l'Homme, vom Europaviertel nach Belieben mit Tram E zum Place de la République. Rückfahrt von der Place Broglie.

Freitagnachmittag: Der von historischen Bauten wie der ***Maison Kammerzell** › S. 70 gesäumte **Münsterplatz** › S. 60 ist der ideale Ort, um sich Appetit für das Wochenende zu holen. Hier befinden sich mit dem Office de Tourisme und der Boutique Culture › S. 70 zwei zentrale Informationsstellen. Von der Aussichtsplattform des **Münsterturms** › S. 68 kann man sich einen ersten Überblick über die Altstadt verschaffen, die sich von hier oben als mit Gaubenfenstern gespicktes, rotes Dächermeer präsentiert. Wieder unten angelangt, sollte man einen Blick in den Hof des prächtigen ****Palais Rohan** › S. 76 werfen und auch die Schauseite der Fürstbischöflichen Residenz zum Illufer hin würdigen. Auf dem von Ruhebänken gesäumten Uferweg geht es nun am Flüsschen Ill entlang, vorbei an malerischen kleinen Plätzen wie dem **Ferkelmarkt** › S. 80 und an der Kirche ****St-Thomas** › S. 84, einem Museum der Grabmalkunst. Nur noch wenige Schritte, und man erreicht das Schleusenwerk der ****Petite France** › S. 85. Das malerische Gerberviertel, in dessen Kanälen sich alte Mühlen und blumengeschmückte Fachwerkhäuser spiegeln, ist Straßburgs größter Besuchermagnet. Beim Bummel durch enge Gassen und über Brücken vergeht die Zeit wie im Flug. Der romantische Zauber des Gerberviertels er-

schließt sich am besten bei einer Bootsfahrt auf der Ill, vorzugsweise bei Sonnenuntergang. Wer dies erleben möchte, spaziert am Illufer entlang zurück zum Palais Rohan, wo sich der Bootsanleger 〉 S. 18 befindet.
Nach der Rückkehr sucht man sich in der Nähe der Anlegestelle ein Lokal zum Abendessen. An warmen Tagen steuert man die bezaubernde ***Place du Marché Gayot** 〉 S. 72 an, wo mehrere Lokale ihre Tische im Freien aufgestellt haben. Bei kühler Witterung ist die gemütliche Winstub »Zum Strissel« 〉 S. 34 eine gute Wahl.

Samstag: Frühmorgens ist es im *****Münster** 〉 S. 60 noch ruhig und man kann fast ungestört die bedeutenden Kunstschätze im Inneren bewundern. Zum Pflichtprogramm gehören die mittelalterlichen Glasfenster, die Kanzel und der Engelspfeiler. Vertiefen lassen sich die gewonnenen Eindrücke im ****Musée de l'Œuvre Notre Dame** 〉 S. 68, das die Originalskulpturen und Baurisse des Münster aufbewahrt. Alternativ besucht man die barocken Repräsentationsräume oder eines der drei Museen im ****Palais Rohan** 〉 S. 76. Im Anschluss bietet sich ein Bummel über den bunten Bauernmarkt auf der **Place du Marché aux Poissons** 〉 S. 80 an, vielleicht reizt auch die mittägliche Vorführung der **Astronomischen Uhr** 〉 S. 67. Wer nun Appetit verspürt, hat im Münsterviertel die Auswahl unter zahlreichen Lokalen. Den etwas weiteren Weg zum berühmten Sternerestaurant »Au Crocodil« 〉 S. 30 rechtfertigen die relativ preiswerten Mittagsmenüs.

Am Nachmittag geht es wieder an der Ill entlang Richtung Gerberviertel, diesmal mit einem Schlenker über die **Rue du Vieux Marché aux Poissons** mit dem **Wohnhaus Goethes** 〉 S. 82, die malerische **Place des Tripiers** und die **Rue des Tonneliers** 〉 S. 82. Bei schlechtem Wetter

Altersschiefe Fachwerkfassaden in der Petite France

Romantischer Blick auf die Ponts Couverts

ist das volkskundliche ****Musee Alsacien** › S. 110 am anderen Illufer eine Alternative, über den Pont du Corbeau in wenigen Schritten zu erreichen. Lacht der Himmel, so führt der Weg vom Alten Zollhaus erneut zum Gerberviertel. Über die ***Ponts Couverts** › S. 86, Überreste der alten Stadtbefestigung, erreicht man das **Vauban-Wehr** › S. 88, von dessen Aussichtsterrasse sich ein wunderschöner Blick auf die Fachwerkfassaden des Gerberviertels bietet.

Liebhaber moderner Kunst werden sich zum Abschluss das ****Musée d'Art Moderne et Contemporain** › S. 89 nicht entgehen lassen und dort besonders den Werken des Straßburgers Hans Arp ihr Augenmerk widmen. Bei kühler Witterung kann man im Museumscafé zu Abend essen, das einen schönen Ausblick auf die Altstadt und die Ill bietet. Ist der Abend warm, kehrt man in die Petite France zurück und speist in einem der Lokale an der Place Benjamin Zix oder am Quai de la Bruche im Freien. Wer danach noch Tatendrang verspürt, stürzt sich im Ausgehviertel Krutenau ins Nachtleben › Special S. 108.

Sonntag: Der dritte Tag gibt einen Eindruck vom neuen Straßburg. Per Tram geht es zunächst ins Europaviertel zu den Sitzen der ***Menschenrechtskommission** › S. 128, des **Europarates** › S. 125 und des ***Europaparlaments** › S. 127. Diese Schauplätze europäischer Politik sind nur werktags und im Rahmen von Führungen zugänglich, beeindrucken aber allein schon durch ihre futuristische Architektur, die sich in der vorbeifließenden Ill spiegelt. Per Tram oder zu Fuß am Fluss entlang geht es anschließend zur ***Place de la République** › S. 114, dem Herzstück der Wilhelminischen Neustadt. Gründerzeitliche Repräsentationsbauten wie der ***Palais du Rhin,** die einstige Residenz des Kaisers, prägen hier das Bild. Wem nach einer Pause im Grünen zumute ist, macht einen Abstecher zum nahen **Parc des Contades** › S. 116. Die den Park säumenden gründerzeitlichen Wohnhäuser gehören zu den begehrtesten Immobilien der Stadt. Kunstinteressierte können alternativ das **Centre de l'Illustration Tomi Ungerer** › S. 117 besuchen, eine Hommage an den bedeutendsten zeitgenössischen Künstler der Stadt.

Über den Pont du Théâtre flaniert man anschließend zur ***Place Broglie** › S. 92, die das Zentrum des im 18. Jh. entstandenen Französischen Viertels bildet. Auch hier säumen stattliche öffentliche Bauten wie das ***Hôtel de Ville** und die **Opéra du Rhin** den Platz. Zwar sind die Geschäfte sonntags geschlossen, doch hat auch ein Schaufensterbummel durch das Einkaufsviertel zwischen Rue du Dôme, Rue des Hallebardes und Rue des Orfèvres seinen Reiz. Für den Heimweg stärken kann man sich z.B. im »S'Burjerstuewel« › S. 31.

Europäisches Flair und Vorstadtidylle

Palais des Droits de l'Homme › **Parlement Européen** › **Palais de l'Europe** › **Parc de l'Orangerie** › **Quai Mullenheim** › **St-Paul** › **Pont d'Auvergne** › **Place de l'Université** › **Quai des Pêcheurs** › **Manufacture de Cigares** › **Galerie La Chaufferie** › **Musée Alsacien** › **Historischer Weinkeller** › **Bierbrauerei Kronenbourg**

Distanz/Dauer
6,5 km (ohne Tramfahrt zur Brauerei Kronenbourg); 1 Tag

Praktische Hinweise
Die Tour lässt sich per Rad oder zu Fuß und abschnittsweise mit der Tram unternehmen. Zur Haltestelle Droits de l'Homme im Europaviertel gelangt man mit der Tram E. Von der Haltestelle Porte de l'Hôpital in der Krutenau verkehrt Tram A zur Brasserie Kronenbourg (Haltestelle Ducs d'Alsace). Achtung. Nur wer sich telefonisch angemeldet hat, kann an den Führungen durch die europäischen Institutionen › S. 122, die Manufacture de Cigares (Tel. 03 88 35 29 00) und die Brauerei Kronenbourg (Tel. 03 88 27 41 59, www.brasseries-kronenbourg.com) teilnehmen. Einzelpersonen können in beschränkter Zahl für eine Stunde spontan Plenarsitzungen beiwohnen, wenn das Europaparlament gerade tagt (Termine unter www.europarl.europa.eu/parliament.do). Dazu findet man sich mit Personalausweis bzw. Reisepass am Besuchereingang ein.

Rekonstruktion einer bäuerlichen Stube im Musée Alsacien

Auf dieser Tour lernt man das Straßburg der großen Politik kennen – und im Kontrast dazu jenes der kleinen Leute. Per Tram geht es zunächst ins Europaviertel – der ***Palais des Droits de l'Homme** ❭ S. 128 und das ***Europaparlament** ❭ S. 127 auf dem gegenüberliegenden Ill-Ufer sind nicht nur als Schauplätze europäischer Politik interessant, sondern auch als Meilensteine moderner Hightech-Architektur. Den Charme der 1970er-Jahre verbreitet hingegen der **Palais de l'Europe** ❭ S. 125 mit seinen schräg emporstrebenden Wänden. Werktags kann man sich bei Führungen (nur nach Voranmeldung!) über die Funktion und Arbeitsweise der Institutionen informieren. Hinter dem Europarat erstreckt sich der ***Parc de l'Orangerie** ❭ S. 127 mit dem für Kaiserin Josephine erbauten Schlösschen. Wer beim Rundgang durch die hübsche Grünanlage Appetit bekommt, tut es den Abgeordneten gleich und nimmt im Sternerestaurant »Buerehiesel« ❭ S. 30 das Déjeuner ein.
Gekräftigt geht es nun auf dem **Quai Mullenheim** ❭ S. 125 am Illufer entlang; bis zum Pont d'Auvergne säumt wilhelminische Architektur den Weg, die in der Kirche **St-Paul** ❭ S. 117 gipfelt. Der Repräsentationsstil der Gründerzeit prägt auch die **Place de l'Université** ❭ S. 118, die von studentischer Lebendigkeit fast überquillt. Wem das »Buerehiesel« zu kostspielig war, dem bieten sich hier preiswerte Alternativen.
Am **Quai des Pêcheurs** ❭ S. 124 wurden drei Schleppkähne zu schwimmenden Restaurants bzw. Bars umfunktioniert; dort kann man mit Blick auf die Altstadttürme einen Digestif oder Kaffee zu sich nehmen. Man ist nun in der **Krutenau** ❭ S. 102 angekommen, einem noch sehr authentischen, von Studenten der nahen Uni, Künstlern, Kleinbürgern und Einwanderern geprägten Viertel. Klassische Sehenswürdig-

keiten gibt es hier keine, doch verbreiten die Gassen rund um die beschauliche **Place Ste-Madeleine** › S. 105 einen ganz eigenen Charme. In der Rue de la Krutenau Nr. 7a kann man an Werktagen die letzte **Zigarrenmanufaktur** Frankreichs › S. 106 besichtigen – noch für eine Weile, denn Ende 2010 soll das Werk schließen. Ganz in der Nähe zeigt die **Galerie La Chaufferie** viel beachtete Wechselausstellungen zeitgenössischer Kunst (5, rue de la Manufacture de Tabac, Tel. 03 69 06 37 78, www.esad-stg.org/chaufferie, Mi–So 15–19 Uhr).

Am Quai des Bateliers entlangspazierend gelangt man zum ****Musée Alsacien** › S. 110, einem der besten Volkskundemuseums Frankreichs. Hier kann man in alten Bauernstuben dem Elsass vergangener Zeiten nachträumen. Historisches Flair verbreitet auch die ***Cave historique** › S. 104, ein 400 Jahre altes Weindepot, dessen Eingang sich auf dem Gelände des Städtischen Krankenhauses an der Place de l'Hôpital befindet.

Wie der Weinanbau ist auch das Bierbrauen ein Stück Elsass und zudem ein wichtiges Kapitel der Straßburger Stadtgeschichte. Wer sich dafür interessiert, fährt mit der Tram in die Peripherie zur **Bierbrauerei Kronenbourg** › S. 32. Nach vorheriger Anmeldung kann man an Führungen durch die historischen Kellergewölbe teilnehmen. Anschließend geht es mit der Tram ins Stadtzentrum zurück. Ein Abendessen im »Renard Prêchant« › S. 34 oder einem der vielen anderen Lokale in der Krutenau bildet den stimmungsvollen Abschluss des Tages – es sei denn, man stürzt sich noch ins bunte Nachtleben des Viertels › Special S. 108.

Touren und Ausflüge

Touren in der Stadt	Stadtviertel	Dauer	Seite
Münsterviertel	Altstadt	1 Std.	60
Zwischen Münster und Gerberviertel	Altstadt	1 Std.	76
Petite France	Altstadt	1,5 Std.	83
Französisches Viertel	Altstadt	2 Std.	92
Der Charme des Alltäglichen	Krutenau	1 Std.	104
Preußische Prachtentfaltung	Deutsches Viertel	1 Std.	113
Das moderne Straßburg	Europaviertel	1 Std.	123
Ausflüge	Lage	Dauer	Seite
Radtour nach Pourtalès	5 km nordöstlich	1/2 Tag	130
Colmar	65 km südlich	1 Tag	131
Nördliche Weinstraße	25 km westlich	mind. 1 Tag	133

Special
Cityabenteuer für Aktive

Die elsässische Metropole ist nicht nur eine kulturelle Schatztruhe, sondern mit ihren lauschigen Parks und verträumten Wasserwegen auch ein reizvolles Freizeitrevier. Besucher haben vielfältige Möglichkeiten, allein oder unter fachkundiger Führung die Stadt zu erkunden ❯ S. 139.

1 Bootsrundfahrten

Straßburg ist eine vom Wasser geprägte Stadt: Auf dem Rhein, der Ill und dem Rhein-Marne-Kanal werden (auch auf Deutsch kommentierte) Ausflüge und Entdeckungsfahrten per Boot angeboten. Auf der Fahrt rund um die Illinsel und in nördlicher Richtung zum Bassin de l'Ill erlebt man u.a. das historische Gerberviertel La Petite France, Schleusen, das Vauban-Wehr und die europäischen Institutionen aus sehr reizvoller Perspektive.

■ **Batorama**
15, rue de Nantes
Tel. 03 88 84 13 13
www.batorama.fr
70-minütige Touren rund um die Altstadt April–Okt. 8.30–21 Uhr, zur Weihnachtszeit 9.30–17 Uhr alle 30 Min., sonst 10.30, 13, 14.30 und 16 Uhr, Nachtfahrten Mai–Sept. 21.30 und 22 Uhr. Hafenrundfahrten Juli/Aug. tgl. 14.30 Uhr, Dauer 2,5 Std. Besichtigung der Hafenanlagen am Rhein mit Besuch des Musée Régional du Rhin et de la Navigation »Naviscope«, das in einem alten Schubboot die Rheinschifffahrt erläutert (das Schiff liegt am Quai des Belges/Rue du Général Picquart, tgl. 14.30–17.30 Uhr; www.museesalsace.org). Startpunkt aller Touren ist der Bootsanleger am Palais des Rohan ❯ S. 76, dort auch Ticketverkauf.

■ **Croisières de l'Ill**
1, pl. Broglie
Tel. 03 88 84 10 01
www.bateaux-strasbourg.fr

2,5-stündige Rundfahrten mit dem Restaurantschiff (Abfahrt ab Quai des Pêcheurs tgl. 12 und 18.30 Uhr, ab Quai de Finkwiller tgl. 12.45 und 19.45 Uhr).

Exkursionen per Rad

Straßburgs Stadtväter haben vergleichsweise früh damit begonnen, die elsässische Metropole in ein Radlerparadies zu verwandeln › S. 45. Radlern steht ein gut ausgebautes, ca. 400 km langes Netz markierter Wege zur Verfügung, das weiter ausgebaut wird.

Beim Office de Tourisme am Münsterplatz › S. 139 sind mehrere Broschüren zu Radwegen und Radtouren erhältlich, leider nicht auf Deutsch. Tourenvorschläge findet man auch auf der Website www.velocation.net.

Die Stadt unterhält zwei Vélocation genannte Stellen, bei denen man Räder leihen kann – eine gute Alternative zum Pkw, weil Parkplätze in Straßburg rar sind. Man benötigt dazu eine Kopie des Personalausweises und eine Kaution in Höhe von 100 €.

Velocation

10, rue des Bouchers
Tel. 03 88 24 05 61
und La Grande Verrière /
Place de la Gare
Tel. 03 88 23 56 75
www.velocation.net
Verleih im Sommer Mo und Fr 7–20, Di–Do 8–19, Sa und So 9.30–12.30, 13.30–19 Uhr, im Winter nur Mo–Sa und bis 17 Uhr. Preise: halber Tag (bzw. ganzer Tag für Kinder) 5 €, ganzer Tag 8 €.

Kanutouren

Sportliche erkunden Straßburg eigenständig per Kajak oder Kanu. Profis erteilen einen Schnellkurs, ehe man sich auf die Ill begibt, die die Stadt umschließt. Man kann auch Zweierkanus mieten.

Strasbourg Eaux Vives

36, rue Pierre de Coubertin
Tel. 03 88 31 49 00
www.strasbourgeauxvives.org
Der Sportverein bietet nach vorheriger telefonischer Anmeldung begleitete und unbegleitete Touren von 2–3 Std. ab 15 € pro Person.

Badefreuden

Wellnessfans werden von den **Bains Municipaux** begeistert sein: Das in einem denkmalgeschützten Jugendstilgebäude untergebrachte Stadtbad besitzt ein Römisches Dampfbad mit Marmorfußböden und patinabehafteten Kupferinstallationen. An den Kopfenden der beiden Schwimmbecken plätschern Brunnen mit allegorischen Figuren.

Bains Municipaux

10, blvd. de la Victoire][**Tel. 03 88 25 17 58**
Öffnungszeiten unter **www.strasbourg.fr**, dort unter »Sport«, »Piscines« und »Horaires«, Dampfbad 12,30 €, Schwimmen 3,10 €.

Klima und Reisezeit

Straßburg hat immer Saison. Das ganze Jahr über strömen die Touristen in die elsässische Hauptstadt, nur ganz schlechtes Wetter wirkt sich etwas dämpfend auf den immensen Andrang aus.

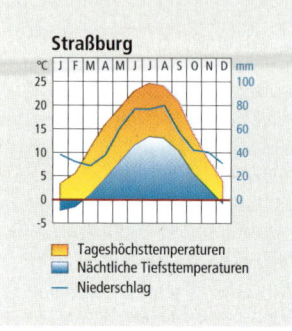

Früher als anderswo beginnt hier der Frühling: Schon ab Ende März fließt warme Mittelmeerluft durch die Burgundische Pforte ins Elsass und lässt in den Parks die Bäume erblühen.

Im Sommer wird es eng in der Stadt. Dafür kommt bei den angenehmen 24–28 °C, die für die Zeit zwischen Juni und August typisch sind, fast schon Openair-Stimmung auf. Da es gerade in diesen Monaten auch schwüle Tage mit heftigen Gewittern gibt, gehört der Regenschirm ins Gepäck.

Mitte September beginnt die Weinlese und das Laub verfärbt sich bunt – ideale Bedingungen für Touren entlang der Weinstraße und in die nahen Vogesen. Im November wird es feucht-kühl, aber endlich auch etwas ruhiger. Allerdings nur für kurze Zeit, denn im Dezember locken schon wieder die Weihnachtsmärkte, welche die Stadt mit dem Duft von Glühwein und gebrannten Mandeln erfüllen ❯ S. 97.

Anreise

Mit dem Flugzeug

Der kleine Flughafen Straßburg-Entzheim (www.strasbourg.aeroport.fr) liegt etwa 10 km südwestlich vom Stadtzentrum. Er wird von München, Düsseldorf, Hamburg und Berlin sowie von Zürich und Wien angeflogen, derzeit allerdings nur per Umsteigeverbindung.

Viermal pro Stunde fährt ein Pendelzug zum Hauptbahnhof (Fahrtdauer 9 Min., einfache Fahrt 2,90 €). Ein Pendelbus verkehrt alle 20 Min. von der Ankunftshalle zur Straßenbahnhaltestelle Baggersee mit Anschluss zur Linie A in die Stadtmitte (Fahrtdauer 30 Min., einfache Fahrt 5,70 €). Eine Taxifahrt ins Stadtzentrum dauert 20 Min. und kostet zwischen 28 € (tagsüber) und 35 € (Nachttarif).

Mit dem Zug

Von Stuttgart, München, Basel und Zürich bestehen TGV-Verbindungen nach Straßburg (Fahrtdauer 1 Std. 20 Min./3 Std. 40 Min./1 Std. 10 Min./2 Std. 5 Min., www.tgv.com). Weitere Direktverbindungen gibt es von Frankfurt/Main, Karlsruhe, Offenburg, Baden-Baden, Wien, Innsbruck, Salzburg und Bern (Tel. 08 92 35 35 35, www.sncf.fr, Callcenter der SCNF in Deutschland Tel. 01 80/5 21 82 38). Am Bahnhof gibt es einen Taxistand: die Haltestelle der Tramlinien A und D liegt unter dem Bahnhofsvorplatz.

Mit dem Auto

Die Mehrzahl der Autofahrer erreicht Straßburg auf der A 5 über Karlsruhe bzw. Basel und die Europabrücke bei Kehl oder aus Richtung Basel über die Pierre-Pflimlin-Brücke bei Offenburg. Bei hohem Verkehrsaufkommen auf der A 5 ist die Anfahrt über die linksrheinischen Autobahnen A 65/A 35 eine Alternative. Von Saarbrücken führt die A 4/E 25 nach Straßburg.

Das Zentrum (Centre ville) mit Place Kléber, Münster (Cathédrale) und La Petite France ist ausgeschildert. Wer keine Parkmöglichkeit am Hotel hat, sollte den Wegweisern des Parkleitsystems mit dem »P«-Symbol folgen und den Wagen frühzeitig abstellen, beispielsweise in den Parkhäusern Petite France/Ste-Marguerite oder Austerlitz.

An den Linien der modernen Straßburger Niedrigflur-Tram liegen acht ausgeschilderte Park & Ride-Plätze, von denen aus man die Stadt leicht erreicht. Sie sind Mo–Sa von 7–20 Uhr kostenpflichtig (sonst gratis). Im Parkpreis (2,70 bzw. 3 €) ist das Tramticket hin und zurück für alle Autoinsassen enthalten. Wer außerhalb der oben genannten Zeiten auf den P+R-Plätzen gratis parkt, muss das reguläre Tramticket bezahlen (Infos zu sämtlichen Parkmöglichkeiten in Straßburg einschließlich Tarifen unter www.parcus.com).

Stadtverkehr

Tram und Bus

Die Verkehrsgesellschaft CTS unterhält Straßenbahnen und Busse. Vier Linien der modernen Straßenbahn (A–D) kreuzen sich an der zentralen Place de l'Homme de Fer. Eine fünfte Linie (E) verkehrt zwischen Robertsau und Baggersee (Plan › Umschlag hinten). Die Tram verkehrt tgl. von 4.30–0.30 Uhr, zur Hauptverkehrszeit sogar alle 4 Min.

Die gold-grünen Busse (viele sind behindertengerecht bzw. Niederflurbusse) verkehren vom Zentrum sternförmig in die Außenbezirke.

Tramhaltestelle Homme de Fer

Zentrale Haltestellen sind Gare Centrale, Homme de Fer, Ancienne Synagoge/Les Halles und Gutenberg. Die Linie 10 fährt eine Schleife um die Altstadt, vorbei an Bahnhof, Universität und Place du Corbeau. Mit der Linie 6 gelangt man ins Europaviertel.

Zum Umsteigen berechtigende Einzelfahrscheine bekommt man für 1,40 € in CTS-Büros und an den Fahrscheinautomaten der Haltestellen. Die Automaten akzeptieren Münzen und Bankkarten. Carnets mit jeweils 10 Tickets (12 €) und das Tagesticket 24 h individuel (24 Stunden unbegrenztes Fahren mit Bus und Tram für 3,60 €) gibt es zudem an vielen Tabakläden und Kiosken, beim Office de Tourisme und bei der Post. Strecken- und Fahrpläne hängen an den Haltestellen aus, den nützlichen Plan bus-tram bekommt man in den CTS-Büros.

Compagnie des Transports Strasbourgeois CTS
Büros an der Station Homme de Fer (Mo–Fr 8.30–18.30, Sa bis 17 Uhr)
und am Bahnhof (Mo–Mi 7.30–15.30, Do–Fr 10.30–18.30 Uhr)
Tel. 03 88 77 70 70][www.cts-strasbourg.fr

Taxi

Taxistände gibt es u.a. am Bahnhof, an der Place de la République, am Palais de l'Europe und an der Place de l'Hôpital. Das größte Unternehmen ist »Taxi 13« mit rund 230 Wagen (Tel. 03 88 36 13 13, www.taxi13.fr mit Preisangaben auch in deutscher Sprache).

Fahrrad

Straßburgs gut ausgebautes Radwegenetz umfasst auch einige als Fußgängerzone ausgewiesene Straßen in der Altstadt. Einen genauen Plan erhält man beim Verkehrsamt und in Buchläden. An zwei Stellen in der Stadt kann man Räder leihen › Special S. 19. Außerhalb des Berufsverkehrs (Mo–Sa 7–9, 17–19 Uhr) dürfen Vélos in der Straßenbahn mitgeführt werden (Zustieg über die hinterste Tür). An Werktagen muss ein Fahrschein für das Rad gelöst werden.

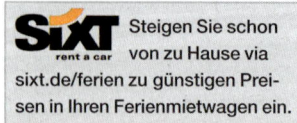

Mit Kindern in der Stadt

Bei gutem Wetter

An warmen Tagen lädt der **Bagger-see** zum Baden ein. Der beliebte Treffpunkt im Süden ist Teil eines Naherholungsgebiets mit Wald und Wiesen. Es gibt Duschen und Sanitäranlagen, trotzdem ist der Eintritt gratis.

Zum Relaxen eignet sich auch der **Parc de l'Orangerie** ❭ S. 127. Dort kann man rudern oder den Störchen beim Nisten zusehen. Ein Schienenbähnchen für die Kleinen und ein Skaterparcours sind die Hauptattraktionen des großen Spielplatzes. Zudem gibt es einen kleinen Zoo und einen Miniatur-bauernhof. In der Innenstadt findet man auf der Place Louise Weiss in der Petite France und auf der Place des Orphelins in der Krutenau **Spielplätze.**

Spaß haben Kinder auch an einer **Bootsrundfahrt** oder **Kanu-tour** auf der Ill ❭ Special S. 18. Alternativ kann man das historische Zentrum mit der elektrischen **Minitram** erkunden.

Spannende **Schnitzeljagden** auf den Spuren der Vergangenheit eigens für kleine Straßburg-Besucher organisiert der Veranstalter Il était une fois la ville – nach Voranmeldung auch auf Deutsch.

■ **Baggersee**
Tram A und E Station Baggersee
Jederzeit zugänglich

■ **Minitram**
Infos bei CTS][**Tel. 03 88 77 70 03**
www.cts-strasbourg.fr
April–Okt. tgl. alle 30 Min., Fahrtdauer 40 Min., Start am Münsterplatz.

■ **Il était une fois la ville**
6, place des Chèvres
Tel. 03 88 31 05 25
www.iletaitunefoislaville.com

An Regentagen

Museen wie das **Musée Alsacien** ❭ S. 110, das **Zoologische Museum** ❭ S. 119 oder das **Planetarium** ❭ S. 119 sind auch für Kinder interessant. Eigens für sie konzipiert wurde das Wissenschaftsmuseum **Le Vaisseau** mit interaktiven Stationen und einem pädagogischen Garten. Die Kleinen können hier in einen Kängurubeutel schlüpfen oder einen Ameisenhaufen von unten betrachten; auf die Großen wartet u.a. ein komplett ausgestattetes Fernsehstudio.

Das Schifffahrtsmuseum **Naviscope** mit vielen Modellen und einem kleinen Aquarium fand seine Heimat in einem 35 m langen Schubboot im Hafen.

Etwa 15 km südwestlich von Straßburg liegt Geispolsheim – hier weiht das **Musée du Chocolat** in die Geheimnisse der Schokoladenherstellung ein. Der Indoorspielplatz **TubiTuba** gibt Gelegenheit zum Toben.

Bewegung kommt auch im Spaßbad **Nautiland** bei Haguenau (ca. 30 km nördlich) ins Geschehen: Auf kleine Besucher warten hier Riesenrutschen, Strömungsdüsen und Fontänen.

Im Meer- und Süßwasseraquarium **Les Naïades** bei Ottrott (ca. 38 km südwestlich) lassen sich Piranhas, Nilkrokodile, Haie, Muränen etc. beobachten.

■ **Le Vaisseau**
1 bis, rue Philippe Dollinger
Tel. 03 88 44 65 65
www.levaisseau.com
Di–So 10–18 Uhr, Eintritt bis 17 Uhr.
Tram C und E Winston Churchill

■ **Naviscope**
Bassin des Remparts
18, rue du Général Picquart
Tel. 03 88 60 22 23
www.musees-alsace.org

Tgl. 14.30–17.30 Uhr; Tram C Observatoire, dann Bus Nr. 2 Pont d'Anvers.

■ **Schokoladenmuseum**
Rue du Pont du Péage
67118 Geispolsheim
Tel. 03 88 55 04 90
www.musee-du-chocolat.com
Di–Sa 9–19, So 14–19 Uhr, Führungen bis 18 Uhr; Tram A Baggersee, dann Bus Nr. 62 oder 66 bis Pont du Péage

■ **TubiTuba**
8, rue du Fort][**67118 Geispolsheim**
Tel. 03 88 66 20 32
www.tubi-tuba.com
Di, Do, Fr 16–19, Mi, Sa, So 10–19, in den Schulferien tgl. 10–19 Uhr.

■ **Nautiland**
8, rue des Dominicains
67500 Haguenau
Tel. 03 88 90 56 56
www.nautiland.net
Mo, Di, Do und Fr 12–21, Mi 9.30–21, Sa 10–22, So, Fei 9–19 Uhr.

■ **Les Naïades**
30, rte de Klingenthal][**67530 Otrott**
Tel. 03 88 95 90 32
www.parclesnaiades.com
Tgl. 10–18.30, Okt.–Jan. Mo–Fr nur 14–18.30 Uhr.

Infos für Familien

In der Boutique Culture **>** S. 70 bekommt man den **Guide Jaune / Édition Junior** mit Veranstaltungstipps für Kinder und Jugendliche, leider nur auf Französisch. Im Office de Tourisme liegt der monatlich erscheinende Familienführer **Bibouille** aus (www.bibouille.net). Hier erhält man auch den **Straßburg-Pass Junior,** der verschiedene Vergünstigungen bietet **>** S. 140.

Unterkunft

Von den weit über hundert Hotels der Stadt wurden hier diejenigen ausgewählt, die sich durch besonderen Komfort und ihre günstige Lage auszeichnen. Ein ausführliches Hotelverzeichnis ist beim Office de Tourisme ❯ S. 139 erhältlich. Hier sollte man sich in jedem Fall erkundigen, wann das Europäische Parlament seine Sitzungswochen in Straßburg hat, denn dann ist die Stadt rundum ausgebucht. Grundsätzlich ratsam ist eine Reservierung etwa vier Wochen vor der Anreise, da die Hotels vor allem am Wochenende stark frequentiert sind.

Unter den meist in der Peripherie gelegenen Kettenhotels sind wegen ihres guten Preis-Leistungs-Verhältnisses besonders die Häuser der Ibis-Gruppe zu empfehlen (www.ibishotel.com).

Einen Überblick über freie Zimmer bietet die Website www.dispoweb.fr. Als zentrale Reservierungsstelle fungiert das Office de Tourisme, das unter der Tel. 03 90 41 15 60 oder online unter www.ot-strasbourg.com Buchungen entgegennimmt.

Die Zimmerpreise gelten jeweils für ein Doppelzimmer, das Frühstück ist fast immer extra zu bezahlen und schlägt mit 6–15 € zu Buche. Weil es oft nicht sehr einfallsreich ist, kann es reizvoller sein, einen Café Crème und ein frisches Croissant in der Bar an der nächsten Ecke zu bestellen.

Luxushotels

■ **Hôtel Régent Contades Golden Tulip**
8, av. de la Liberté
Tel. 03 88 15 05 05
www.regent-contades.com
Tram C Gallia
Klassizistisches Gebäude aus der Kaiserzeit im Deutschen Viertel mit prächtigem Treppenhaus und Frühstückssaal im Stil der Belle Époque. 47 exklusive Zimmer und Suiten. ●●●

■ **Hôtel Sofitel**
4, pl. St-Pierre-le-Jeune
Tel. 03 88 15 49 00
www.sofitel-strasbourg.com
Tram A–D Homme de Fer

Die romantischsten Hotels

■ **Hôtel Régent Petite France**
5, rue des Moulins
Tel. 03 88 76 43 43
www.regent-petite-france.com
Tram A und D, Grand'Rue
Im Gerberviertel direkt an der Ill gelegen, mit schöner Gartenterrasse. In den großzügigen Zimmern wird historische Bausubstanz wie die alten Holzbalken stilsicher mit modernem Design kombiniert. ●●●

■ **Hôtel Beaucour**
5, rue des Bouchers
Tel. 03 88 76 72 00
www.hotel-beaucour.com
Tram A und D Porte de l´Hôpital
Verschachtelter Fachwerkkomplex in der Krutenau mit 49 individuell gestalteten Zimmern rund um einen ruhigen Innenhof. Von den Zimmern zur Straße hin hat man einen schönen Blick auf das Münster. ●●●

■ **Hôtel Kleber**
29, pl. Kléber][Tel. 03 88 32 09 53
www.hotel-kleber.com
Tram A–D Homme de Fer
Die 30 Zimmer wurden liebevoll in unterschiedlichen Farbklängen gestaltet und tragen entsprechende Namen wie Noisette, Pistache, Meringue oder Rose désir. ●—●●

■ **Hôtel Au Cerf d'Or**
6, place de l'Hôpital
Tel. 03 88 36 20 05
www.cerf-dor.com
Tram A und D Porte de l'Hôpital
Zu dem kleinen, gemütlichen Logis-de-France-Hotel in der Krutenau gehört ein Brasserie-Restaurant mit guter elsässischer Küche. ●●

Das moderne Haus mit Bar und Gartenterrasse zeichnet sich durch erstklassigen Service aus. Die Wände hinter den Sofitel-typischen Komfort-betten zieren Auszüge aus den Straßburger Eiden › S. 46. ●●●

■ **La Résidence Jean-Sébastien Bach**
6, bd. Jean-Sébastien Bach
Tel. 03 90 41 30 00
www.lejsbach.com
Tram E Droits de l'Homme
Großzügige Studios und Apartments mit privater Terrasse, nahe dem Parc de l'Orangerie in einem der schönsten Wohnviertel Straßburgs gelegen. Eigene Parkgaragenstellplätze. ●●●

Gehobener Komfort

■ **Hôtel Cardinal de Rohan**
17–19, rue du Maroquin
Tel. 03 88 32 85 11
www.hotel-rohan.com
Tram A–D Homme de Fer
Traditionshotel in einer Fußgängerzone beim Münster. 36 schallisolierte Zimmer im gediegenen Louis XV.-Stil. ●●—●●●

■ **Hôtel Cathédrale**
12, pl. de la Cathédrale
Tel. 03 88 22 12 12
www.hotel-cathedrale.fr
Tram A–D Homme de Fer
47 behagliche und schallisolierte Zimmer, einige davon mit schönem Blick auf das Münster. Ruhiger sind die Zimmer zum Innenhof. ●●—●●●

■ **Hôtel de l'Europe**
38, rue Fossé des Tanneurs
(Ecke Grand'Rue)
Tel. 03 88 32 17 88
www.hotel-europe.com
Tram B und C Marché aux Vins
Hinter der Fachwerkfassade verbergen sich modern eingerichtete Zimmer, in

denen die original erhaltenen alten Holzbalken und einzelne antike Stücke historische Akzente setzen. ●●—●●●

■ Hôtel du Dragon
2, rue de l'Ecarlate
Tel. 03 88 35 79 80
www.dragon.fr
Tram A und D Porte de l'Hôpital
Historisches Haus nahe den Illkais mit modernen, in dezentem Grau-Weiß gehaltenen Zimmern. Wunderbare ruhige Terrasse mit Lindenbaum. Eigener Parkplatz. ●●—●●●

■ Maison Rouge
4, rue des Francs-Bourgeois
Tel. 03 88 32 08 60
www.maison-rouge.com
Tram A–D Homme de Fer
Hinter der markanten roten Fassade verbergen sich 140 mit edlen Dekostoffen individuell gestaltete Zimmer. Die an der Place Kléber beginnende Fußgängerzone ist nur Schritte entfernt. ●●

Mittelklasse

■ EtC … Hôtel
7, rue de la Chaîne
Tel. 03 88 32 66 60
www.etc-hotel.com
Tram A und D Grand'Rue
Zentral und dennoch ruhig gelegen, 35 jüngst renovierte, modern eingerichtete Zimmer, deren frische Farbgestaltung sich an den vier Elementen orientiert. ●●

■ Hôtel Gutenberg
31, rue des Serruriers
Tel. 03 88 32 17 15
www.hotel-gutenberg.com
Tram A und D Grand'Rue
Charmantes Hotel in einem Haus aus dem 18. Jh. hinter der Place Gutenberg. Teilweise schlechtes Mobiliar, fürstlich viel Platz und französisches Flair. ●●

■ Hôtel Hannong
15, rue du 22 Novembre
Tel. 03 88 32 16 22
www.hotel-hannong.com
Tram A–D Homme de Fer
Kleine, schallisolierte Zimmer nahe der Petite France, der Einrichtungsstil mischt Elsässische-Traditionelles und Modernes (man ist Hans Arp verbunden). ●●

■ Hôtel Suisse
2/4, rue de la Râpe
Tel. 03 88 35 22 11
www.hotel-suisse.com
Tram A und D Grand'Rue
oder Porte de l'Hôpital
Charmantes kleines Hotel im Schatten des Münsters. Angeschlossen ist eine gemütliche Winstub, die im Sommer auch auf der Terrasse serviert. ●●

■ Hôtel Villa d'Est
12, rue Jacques-Kablé
Tel. 03 88 15 06 06
www.hotel-villa-est.com
Tram B, C und E République
Familiär geführtes Haus mit gutem Preis-Leistungs-Verhältnis. Moderne Zimmer und solche im elsässischen Stil, 2009 renoviert. Schöner Frühstückssalon. ●●

Preiswerte Hotels

■ Citôtel Couvent du Franciscain
18, rue du Faubourg de Pierre
Tel. 03 88 32 93 93
www.hotel-franciscain.com
Tram A und D Les Halles
Einfache, aber nette Zimmer in einem ehemaligen Franziskanerhospiz, etwas nordwestlich der Altstadt nahe dem Einkaufszentrum Les Halles gelegen. ●

■ Hôtel de l'Ill
8, rue des Bateliers
Tel. 03 88 36 20 01
www.hotel-ill.com
Tram A und D Porte de l'Hôpital

Stets gut gebuchtes Nichtraucherhotel in der Krutenau mit 26 Zimmern, 2006 umfassend renoviert. ●

■ **Hôtel la Cruche d'Or**
6, rue des Tonneliers
Tel. 03 88 32 11 23
www.cruchedor.com
Tram A und D Grand'Rue
Bei 13 kleinen und zweckmäßigen Zimmern bleibt die Atmosphäre familiär. Frühstück gibt's in der kleinen Winstub. ●

■ **Hôtel le Grillon**
2, rue Thiergarten
Tel. 03 88 32 71 88
www.grillon.com
Tram A und D Gare Centrale
Eine Adresse nahe am Hauptbahnhof, die junge Leute und Rucksackreisende anzieht, nicht nur wegen der Wodka-Bar »Perestroika«. ●

■ **Hôtel Pax**
24–26, rue du Faubourg National
Tel. 03 88 32 14 54
www.paxhotel.com
Tram B und C Faubourg National
Freundlicher, größerer Familienbetrieb mit Terrasse und elsässischem Restaurant. Parkgarage vis-à-vis. ●

Hotels in der Umgebung

■ **Père Benoît**
34, rte de Strasbourg
67960 Strasbourg-Entzheim
(nahe Flughafen)
Tel. 03 88 68 98 00
www.hotel-perebenoit.com
Tram A und E Baggersee
Bauernhaus aus dem 18. Jh. mit Fachwerkfassade und Holzbalkonen; Restaurant im alten Gewölbekeller. ●–●●

■ **Etap Hotel**
1b, ave. Pierre Mendés France
67300 Schiltigheim

Tel. 08 92 26 88 900
www.etaphotel.com
Tram E und B Wacken
Kettenhotel in einem Geschäftszentrum nicht weit vom Europaparlament. Zweckmäßige, meistenteils ruhige Zimmer. Kostenlose Parkgelegenheit. ●

■ Eine Alternative zu den Stadthotels sind die **ländlichen Gästehäuser** (Gîtes Ruraux) und **privaten Gästezimmer** (Chambres d'Hôtes) in den nahe gelegenen Dörfern.
Adressen und Buchung über
Relais Départemental des Gîtes de France Alsace/Bas-Rhin,
4, rue Bartisch][67100 Strasbourg,
Tel. 03 88 75 56 50,
www.gites-de-france-alsace.fr).

Jugendherbergen

■ **Auberge de Jeunesse des Deux Rives**
Centre International de Rencontres
Rue des Cavaliers
Tel. 03 88 45 54 20
www.fuaj.org/
Strasbourg-des-2-Rives-Parc-du
Buslinien 2 und 23
Moderner Gebäudekomplex im weitläufigen Parc du Rhin nahe der Europabrücke (Dez.–5. Jan. geschl.).

■ **Auberge de Jeunesse René Cassin**
9, rue de l'Auberge de Jeunesse
Tel. 03 88 30 26 46
www.fuaj.org/
Strasbourg-Rene-Cassin
Tram B und C Montagne Verte oder Buslinie 2
Großes Haus mit Einzel-, Doppel- und Mehrbettzimmern im südwestlichen Stadtteil Montagne Verte (Jan. geschl.).

■ **CIARUS,** Jugendgästehaus und Begegnungszentrum ❯ S. 113.

Essen und Trinken

Straßburg ist für Gourmets ein Schlaraffenland. Die Spitzengastronomie pflegt eine Küche, die Tradition mit Haute Cuisine verbindet. Bodenständiger und deftiger sind die elsässischen Gerichte, die auf der Speisekarte einer typischen Winstub stehen.

Ungebrochener Beliebtheit als Vorspeise erfreut sich *Foie gras,* eine Pastete aus Gänsestopfleber. Sämtliche Proteste von Tierschützern konnten daran bislang nichts ändern. Daneben gibt es *Tarte aux Oignons,* Zwiebelkuchen, und *Escargots,* Weinbergschnecken in Kräuterbutter. Ein Klassiker unter den Hauptgerichten ist *Choucroute,* in Weißwein geschmortes Sauerkraut mit Kasseler, Brühwürsten, geräuchertem Schweinebauch und Salzkartoffeln. Heutzutage wird Choucroute auch mit Ente oder Fisch kombiniert – was hervorragend harmoniert! Für den *Baeckeoffe* gibt man Schweine-, Rind- oder Lammfleischstücke mit Kartoffelscheiben und Zwiebeln in eine Terrine, gießt Wein darüber und lässt das Ganze anschließend mehrere Stunden im Ofen schmoren. Wegen der langen Zubereitungsdauer ist der Eintopf meist nur auf Vorbestellung zu haben. *Schiffala* ist geräucherte Schweineschulter, die ähnlich wie Kasseler zubereitet und

Preiswerter essen

Der große Touristenandrang und die europäischen Institutionen haben in Straßburg für ein relativ hohes Preisniveau gesorgt – auch und gerade bei den Restaurants. Wer auf kulinarische Höhenflüge dennoch nicht verzichten möchte, sollte mittags essen gehen – Top-Restaurants wie das »Crocodil« offerieren dann erschwingliche Menüs. Unter dem Titel »Formule Jeunes« bieten »Crocodil« und »Ami Schutz« preisgünstige Menüs für junge Leute unter 35 Jahren (www.formule-jeunes.com). Bei gutem Wetter kann man sich in den Feinkostläden rund um die Rue des Orfèvres ❯ S. 74, 95 ein Gourmet-Picknick zusammenstellen. Mehr fürs Geld als in der Altstadt bekommt man bei gleicher Qualität in den Restaurants der Krutenau, z.B. am Quai des Bateliers. Auf der Illinsel findet man in der Grand'Rue eine Anzahl preiswerter, meist ethnischer Lokale.

mit Kartoffeln und Meerrettich serviert wird. Bei *Coq au Riesling* handelt es sich um in Riesling geschmortes Hähnchen. Flussfische bilden die Grundlage für *Matelote*, ein Traditionsgericht der Fischer. Aal, Zander und Hecht garen in einer säuerlich abgeschmeckten Sahnesoße. Aus dem Steinofen kommt die *Tarte flambée* (Flammkuchen): papierdünner Brotteig belegt mit Crème fraîche, Zwiebelringen und Speck. Wie bei Pizza gibt es für den Belag viele Variationen, sogar süße. Traditionell wird jeweils nur ein großer Flammkuchen auf einem Holzbrett serviert, den man aufteilt und mit den Fingern isst. Ist er aufgegessen, wird unaufgefordert der nächste aufgetragen – so lange, bis man abwinkt. Zwischen Hauptgericht und Dessert hat der

Das Buerehiesel im Orangeriepark

Munster seinen anrüchigen Auftritt, ein sahniger Weichkäse mit orangefarbener Rinde, der auch gern mit Kümmel gegessen wird. Als krönender Abschluss werden *Tartes* mit unterschiedlichen Früchten und häufig auch *Kougelhopf* serviert, als Kuchen oder glacé, in seiner Eisvariante.

Buch-Tipp **Elsass: Küche, Land und Leute (Martina Meuth, Bernd Neuner-Duttenhofer).** Kulinarische Reise durch das Elsass mit Restauranttipps und Rezepten (Bassermann Verlag, 2008).

Spitzenrestaurants

■ **Au Crocodile**
10, rue de l'Outre
Tel. 03 88 32 13 02
www.au-crocodile.com
Das mit zwei Michelin-Sternen ausgezeichnete Nobelrestaurant, das v.a. für seine Entenleberkreationen gerühmt wird, bietet relativ günstige Mittagsmenüs. So/Mo geschl. ●●●

■ **Buerehiesel**
4, parc de l'Orangerie
Tel. 03 88 45 56 65
www.buerehiesel. com
In einem historischen Fachwerkhaus im Parc de l'Orangerie serviert Eric Westermann, Sohn des berühmten Drei-Sterne-Kochs Antoine ❯ S. 74, elsässische Speisen mit exotischen Anklängen. So/Mo geschl. ●●

■ **Le Pont aux Chats**
42, rue de la Krutenau
Tel. 03 88 24 08 77
Stylisches Gourmetbistro im Ausgehviertel Krutenau. Küchenchef Valère Diochet erlernte sein Metier bei Antoine Westermann im »Buerehiesel«. Sa mittags und Mi geschl. ●●

Winstub »Le Gruber« in der Rue du Maroquin

Weinstuben

2 Die klassische Winstub mit holzgetäfelten Wänden, bunt gemusterten Gardinen und eng gestellten Tischen ist genau der richtige Platz, um einen gemütlichen Abend bei Wein und elsässischen Spezialitäten zu verbringen. Das Küchenangebot, meist eher bodenständig und deftig, kann in manchen Fällen mit dem gehobener Restaurants konkurrieren.

■ **S'Munsterstuewel**
8, pl. du Marché aux Cochons de Lait
Tel. 03 88 32 17 63
Raffiniert verfeinerte Traditionsgerichte, wie man sie so nah am Münster selten so gut bekommt. Schöne Sommerterrasse. So/Mo geschl. ●●●

■ **Ami Schutz**
1, Ponts Couverts
Tel. 03 88 32 76 98
www.ami-schutz.com
Gemütliche Dierstube im Gerberviertel mit ambitionierter Regionalküche. Im Sommer speist man auf der von zwei Illlarmen umflossenen Terrasse. ●●

■ **S'Burjerstuewel (Chez Yvonne)**
10, rue du Sanglier
Tel. 03 88 32 84 15
www.chez-yvonne.net
Für Leute, die sehen und gesehen werden wollen. Ausgezeichnete Küche – der Linsensalat mit Speck ist köstlich – in anheimelnd-rustikalem Flair. ●●

■ **Le Baeckeoffe d'Alsace**
14, rue des Moulins
Tel. 03 88 23 05 40
www.baeckeoffe.com
Die Winstub im Viertel La Petite France hat sich auf Baeckeoffe spezialisiert, man muss daher nicht vorbestellen. Der traditionelle Eintopf wird auch mit Ente oder Fisch kombiniert. ●

■ **Le Gruber**
11, rue du Maroquin
Tel. 03 88 32 23 11
www.legruber.com
Urige Winstub in Münsternähe. Viel von Touristen frequentiert, dennoch gute Qualität zu fairen Preisen. ●

Elsässische Bierbrautradition

Schon seit dem Mittelalter werden am Kochersberg nordwestlich von Straßburg Gerste und Hopfen angebaut – was die elsässischen Bierbrauer daraus herstellen, braucht sich hinter den renommierten Weinen der Region nicht zu verstecken. Über die Hälfte des französischen Biers stammt aus dem Elsass, kein Wunder daher, dass gerade in Straßburg-Wacken alle zwei Jahre (2009, 2011 …) eine internationale Biermesse stattfindet. Mit der Bezeichnung »elsässisches Bier« sollte man es jedoch nicht mehr allzu genau nehmen. Schon 1972 übernahm Heineken die Kontrolle über einen Zusammenschluss elsässischer Brauereien, und 1996 wurde auch die Fischer-Brauerei an den holländischen Konzern verkauft. Selbst die 1664 gegründete Traditionsbrauerei Kronenbourg gehört seit einiger Zeit der schottischen Gruppe Scottish & Newcastle. So blieb im Elsass nur eine Brauerei unabhängig: Météor. Alle drei Brauereien bieten Führungen mit Bierverkostung an.

■ **Météor**

6, rue du Général Lebocq][67270 Hochfelden (ca. 35 km nordwestl.) Tel. 03 88 02 22 22][www.brasserie-meteor.fr

Juli–Aug. Mo–Do ab 14 Uhr, nur nach Voranmeldung, auch in Deutsch.

■ **Heineken**

4, rue St-Charles][67300 Schiltigheim][Tel. 03 88 19 59 55 www.heineken.fr

ganzjährig Mo–Fr nach Voranmeldung, auf Anfrage auch in Deutsch. Anfahrt mit dem Regionalzug Station Gare Bischheim.

■ **Kronenbourg**

68, route d'Oberhausbergen][67200 Strasbourg][Tel. 03 88 27 41 59 www.kronenbourg.fr

Mo–Fr, im Hochsommer auch Sa ab 10 Uhr, nach Voranmeldung auch Führungen in Deutsch. Anfahrt mit Tram A Haltestelle Ducs d'Alsace.

Essen und Trinken

Innovativ französisch

■ **L'Atable**
77, Grand'Rue][Tel 03 88 32 23 37
Innovative Küche in durchgestyltem
Ambiente. Spezialitäten wie Reh in
Müsli-Früchte-Kruste sowie eine exzellente Weinkarte begründen die Repu-
tation des Lokals. So, Mo geschl. ●●
■ **Serge & Co.**
14, rue des Pompiers (Schiltigheim)
Tel. 03 88 18 96 19
Nachdem Küchenchef Serge Burckle
sich durch die ganze Welt gekocht hat,
pflegt er in Schiltigheim eine Fusion-
Küche auf Top-Niveau. Sa, So, Mo mittags, So, Mo abends geschl. ●●
■ **Umami**
8, rue des Dentelles
Tel. 03 88 32 80 53
Moderne französische Küche mit asiatischem Einschlag, die auf ungewöhnliche Aromen setzt. So, Mo geschl. ●●.

Fischrestaurants

■ **L'Alsace à Table**
8, rue des Francs-Bourgeois
 Tel. 03 88 32 50 62
Frischer, im Ganzen gebratener Fisch
und köstlich zubereitete Meeresfrüch-
te; den Hummer kann man im Wasserbecken selbst auswählen. Küchenchef
Guy-Pierre Baumann ist der Erfinder
des legendären Sauerkrauts mit
Edelfischen. ●●
■ **La Cambuse**
1, rue des Dentelles
Tel. 03 88 22 10 22
Den Schwerpunkt der kleinen Karte
bilden Fischgerichte mit mediterranem
und asiatischem Touch. Dazu werden
ausgezeichnete elsässische Weine
serviert. Das holzgetäfelte Ambiente
erinnert an das Innere einer Segeljacht.
So, Mo geschl. ●●.

Internationale Küche

■ **Sidi-Bou-Said**
22, rue du Vieux Marché aux Vins
Tel. 03 88 22 17 17
■ Tunesisches Restaurant mit Cous-
cousgerichten und Spezialitäten vom
Holzkohlegrill, u.a. Lammkoteletts.
Mo geschl. ●●–●●●
■ **Au Cèdre**
1, rue St-Gothard
Tel. 03 88 25 14 69
Libanesisches Lokal in Universitäts-
nähe, besonders empfehlenswert sind
die gemischten Vorspeisen *(mezzeh)*.
Am Wochenende Tanzvorführungen.
Sa und So mittags geschl. ●●
■ **Comptoir des Colonies**
1, rue de l'Épine
Tel. 03 88 32 38 62
Spezialitäten aus Afrika, von »Terrine
du Togo« bis Bananenmousse aus
Kenia. Mo–Sa 12–14, Mo–Do 19–23,
Fr, Sa 19–24 Uhr. ●●
■ **Le Penjab**
12, rue des Tonneliers
Tel. 03 88 32 36 37
Das indisch-pakistanische Lokal lockt
mit einer der besten exotischen Küchen
in Straßburg. Mo–Sa 18.30–22,
Di, Mi und Fr, Sa 11.30–14 Uhr. ●●

Flammkuchen und Crêpes

■ **Crêp'Mili**
3, rue du Ciel][Tel 03 88 36 56 88
Original bretonische Crêpes und
Galettes in einem Gewölbekeller gleich
bei der Kathedrale. Mo–Fr 11.30–14,
abends tgl. 18.30–23.30 Uhr. ●
■ **Flam's**
29, rue des Frères
Tel. 03 88 36 36 90][www.flams.fr
Diverse Flammkuchenvariationen,
es gibt auch ein Kindermenü. Bunte
fröhliche Ausstattung. ●

Restaurants mit Flair

■ Au Petit Bois Vert
3, quai de la Bruche
Tel. 03 88 32 66 32
Im Sommer sitzt man nirgendwo idyllischer: unter einer alten Platane direkt am Ill-Kanal, mit Blick auf die Fachwerkfassaden der Petite France. ●●

■ Au Renard Prêchant
34, rue de Zurich
Tel. 03 88 35 62 87
Neben der geradlinigen Regionalküche ist hier auch der bauliche Rahmen attraktiv, den ein ungewöhnliches Ensemble aus einer spätgotischen Kapelle und einem Fachwerkhaus bildet. Sa, So mittags geschl. ●●

■ Le Clou
3, rue du Chaudron
Tel. 03 88 32 11 67
www.le-clou.com
Eine Weinstube wie aus dem Bilderbuch mit dunkler Holzvertäfelung und bleiverglasten Fenstern; auf den Wandborden steht altes handbemaltes Porzellan und Zinngeschirr. ●●

■ Zuem Strissel
5, pl. de la Grande Boucherie
Tel. 03 88 32 14 73
www.strissel.fr
Urgemütliche Winstub mit authentischer Elsässer Küche – der Flammenkuchen wird hier noch auf traditionelle Art zubereitet und serviert. ●●

■ Art Café
1, pl. Hans-Jean Arp
Tel. 03 88 22 18 88
Lichtdurchflutetes Museumscafé mit modernem, farbenfrohem Design. Panoramafenster und eine große Terrasse eröffnen einen zauberhaften Altstadtblick. Mo geschl. ●●

■ La Bolée … de Cidre
55, rue du Fossé des Tanneurs
Tel. 03 88 75 99 75
Hier hat man die Qual der Wahl unter 120 Crêpes und Galettes, die man sich auch selbst zusammenstellen kann. Dazu wird in Bolées, bauchigen Schalen, Cidre ausgeschenkt. So, Mo geschl. ●

■ La Plouzinette
6, pl. St-Etienne
Tel. 03 88 35 47 06
Feine Crêperie in einem roten Fachwerkhaus an der studentisch geprägten Place St-Etienne. So und Mo mittags geschl. ●

Brasserien und Cafés

■ Café de l'Opéra
19, pl. Broglie
Das wohltuend schlichte Café in der Oper ist Treffpunkt der Intellektuellen.

■ Le Glacier Franchi
5, rue des Francs-Bourgeois
Auf der Mini-Terrasse genießt man die Eisbecher besonders. Die Kugeln fallen klein aus, aber die verlässlich gute Qualität macht den relativ hohen Preis wahrlich wett.

■ Le Roi et son Fou
37, rue du Vieil Hôpital
Brasserie-Café mit Pariser Flair, etwas versteckt in der Nähe des Münsters gelegen. Mit ruhiger Terrasse.

■ Patisserie Kretz
16, quai des Pêcheurs
Liebenswert nostalgisch – neben feinem Gebäck gibt es auch Schokoladenspezialitäten und Marmeladen nach alten Rezepten. Mo geschl.

■ Rive Gauche
1, rue du Maire Muss
Typisch französisches Straßencafé in Bahnhofsnähe mit Tischen auf dem Bürgersteig.

Elsässer Weine und Brände

Elsässer Wein wird mit Ausnahme einiger edler Tropfen nicht nach der Lage, sondern nach der Rebsorte etikettiert. Man trinkt ihn im Allgemeinen jung; Lagerzeiten von mehr als fünf Jahren sind die Ausnahme. Weißweine dominieren, charakteristisch für die Region sind Sylvaner, Pinot blanc (Weißburgunder), Riesling, Muscat d'Alsace (Muskateller), Pinot Gris (Grauburgunder) und Gewürztraminer. Einziger elsässischer Rotwein ist der Pinot noir (Spätburgunder), der von einigen Winzern auch als Rosé ausgebaut wird. Beim beliebten Edelzwicker handelt es sich um einen Verschnitt (Cuvée) aus verschiedenen Weißweinen.

Die Bezeichnung A.O.C. (Appellation Originale Contrôlée) dürfen nur Weine tragen, die aus einer einzigen Rebsorte und nach genau festgelegten Qualitätskriterien produziert werden. Aus den besten Lagen stammen die Grands Crus – derzeit tragen etwa 50 elsässische Weine dieses Prädikat. Elsässer Qualitätsweine werden in Flûtes (Flöten) abgefüllt, schlanke grüne Flaschen, und traditionell aus Weingläsern mit schlankem grünen Stil getrunken – eine nette Idee für ein Mitbringsel.

Beim Crémant d'Alsace handelt es sich um einen nach Champagnermethode hergestellten, für seine Qualität erstaunlich preiswerten Schaumwein.

Die Bezeichnung Eau de vie tragen aus Obst (u.a. Kirsche, Himbeere, Birne. Zwetschge und Mirabelle) oder Trester destillierte Schnäpse – die letzteren werden auch Marc genannt und sind mit dem italienischen Grappa vergleichbar.

Wer sich intensiver mit dem elsässischen Weinbau beschäftigen möchte, kann in der Cave historique › S. 104 im Straßburger Stadtteil Krutenau an einer Führung teilnehmen; entlang der Weinstraße wurden u.a. in Marlenheim und Obernai › S. 134, 136 informative Lehrpfade angelegt.

Wissenswertes über Weine, prämierte Jahrgänge, Erzeugeradressen, Weinproben veranstaltende Winzer, Termine von Weinfesten u.v.a.m. findet man auf der Webseite www.vinsalsace.com.

Shopping

Straßburgs Einkaufsviertel erstreckt sich nordwestlich des Münsters etwas zwischen Rue des Orfèvres, Rue des Hallebardes und Rue des Grandes Arcades. Das Spektrum reicht von Designerboutiquen zu liebenswerten Tante-Emma-Läden. In der Rue du Dôme und der abgehenden Rue des Frères unmittelbar hinter dem Münster finden sich Mode und Schmuck kleiner Labels, moderne Wohnaccessoires etc. ganz selbstverständlich neben Elsässisch-Traditionellem. Bunt und teils originell ist das Angebot auch in der Grand'Rue, wo viele Einwanderer Geschäfte und kleine Imbisse betreiben. Die großen Kaufhäuser wie **Printemps** und **Galéries Lafayette** sind um die Place Kléber ❯ S. 96 angesiedelt; das riesige Einkaufszentrum **Centre Halles** am Quai Kléber vereint auf zwei Geschossen etwa 120 Läden.

Die europäischen Institutionen und der Tourismus brachten ein gestiegenes Preisniveau, doch wer sich auskennt, kann Schnäppchen machen ❯ Special S. 75.

Souvenirs

Unzählige Stände mit elsässischen Trachtenpuppen und Plüschstörchen finden sich in der Altstadt.

③ Poterie d'Alsace
3, rue des Frères
Tel. 03 88 32 23 21
Alteingesessenes Geschäft für elsässische Keramik aus Soufflenheim (Blumendekor auf rostbraunem oder grünem Grund) und Betschdorf (graue Salzglasur mit blauer Bemalung): Krüge, Formen für Guglhupf und Baeckeoffe, Schneckenpfännchen, Aufbewahrungsgefäße für Butter und Senf u.Ä. Die handwerklich gefertigten Töpferwaren sind absolut alltagstauglich und zum großen Teil sogar für den Mikrowellenherd geeignet (Mo 14–18.30 Uhr, Di–Sa 10–19 Uhr).

■ Nappes d'Alsace
6, rue Mercière
Nicht gerade preiswerte, aber wunderschöne Tischdecken mit traditionellem Weinlaub-Muster.

■ La Boutique d'Elise
27, rue du Maroquin
Souvenirs aller Art, von Plüschstörchen bis zu Postkarten mit Motiven elsässischer Künstler.

■ Weitere Adressen ❯ Special S. 75

Ein beliebtes Mitbringsel: Keramik aus Soufflenheim

Shopping

Lebensmittel/Delikatessen

■ Edouard Artzner
7, rue de la Mésange
Das seit 1844 bestehende Traditions-
geschäft ist die führende Adresse für
feine Enten- und Gänseleberpasteten.

■ Kirn
19, rue du 22 Novembre
Feinkosttempel mit Restaurant im
ersten Stock, die Metzgerei gehört zu
den besten in Straßburg.

■ Fromagerie des Tonneliers
32, rue des Tonneliers
Mehr als 200 Käsesorten – das angeschlossene Restaurant liegt vis-à-vis.

■ Pâtisserie Buhler
11 rue du Dôme
Köstlicher Gugelhupf, sahnige Eclairs
und bunte dekorierte Marzipantorten.

■ Batt, Alain
4, rue des Francs-Bourgeois
Der Chocolatier bietet seine himmli-
schen Pralinenkreationen in edlen
Geschenkpackungen an.

■ Nicolas
18–20, rue des Orfèvres
Edle Tropfen und spritziger Champag-
ner füllen die deckenhohen Regale der
Weinhandlung. Tipps zur richtigen
Lagerung gibt's gratis.

■ Weitere Adressen › Special S. 74

Literatur

■ Librairie Internationale Kléber
1, rue des Francs-Bourgeois
Die Abteilung »Alsatiques« führt deutsche und französische Bücher über die
Region, u.a. Kochbücher und Bildbände.

■ Ancienne Librairie Gangloff
20, pl. de la Cathédrale
Auf Elsassbücher spezialisiertes
Antiquariat.

■ Librairie Bildergarte
27, rue des Serruriers

Comicfachgeschäft mit großer Auswahl
an französischen und internationalen
Bildergeschichten.

■ La Bouquinette
28, rue des Juifs
Kinderliteratur auch in deutsch-
französischen Ausgaben.

Die schönsten Märkte

■ Wochenmärkte: Place Broglie,
Mi und Fr 8–17 Uhr; **Krutenau, Place
de Zurich,** Mi 7–13 Uhr; **Quartier
XV., Boulevard de la Marne,** Di und
Sa 7–13 Uhr. Auf diesen Märkten
kann man elsässische Spezialitäten
kosten oder sich mit Originalzutaten
eindecken.

**■ Bauernmarkt (Marché des Pro-
ducteurs):** Place du Vieux Marché
aux Poissons, Sa 7.30–13 Uhr. Land-
wirte aus der Umgebung verkaufen
knackfrisches Obst, Gemüse und
köstlichen Käse aus den Vogesen.

■ Flohmarkt (Brocante): Rue du
Vieil Hôpital und Place de la Grand
Boucherie, Mi und Sa 9–18 Uhr. Hier
findet man aufgemöbelte Vitrinen,
schwere Karaffen, Sammeltassen und
Raritäten ebenso wie manchen Klein-
kram und Nippes.

**■ Bauern- und Kunsthandwerker-
markt (Marché de la Montagne et
de l'Artisanat):** Place du Marché
Neuf, Sa 7.30–16 Uhr. Landwirt-
schaftliche Erzeugnisse und hand-
werkliche Produkte von Anbietern
aus den nahen Vogesen.

**■ Büchermarkt (Marché aux
livres):** › Special S. 74.
Beim Office de Tourisme ist der
detaillierte Faltplan »Marchés de
Strasbourg« erhältlich.

Antiquitäten

■ **Antiquités Malbasa**

42, rue des Hallebardes

Malerei des 17. und 18. Jhs., Erstellung von Expertisen

■ **Bastian**

22–24, pl. de la Cathédrale

Gute Adresse für Sammler (Möbel, Keramik, Porzellan).

■ **Recto Verso**

3, pl. Henri Dunant

Historische Postkarten, darunter viele mit Motiven aus dem Elsass.

Mode und Luxusgüter

Französische und internationale Edelmarken finden sich in der Rue des Orfèvres, der Rue des Hallesbardes und der Rue du Vieux-Marché aux Poissons. Preiswertere Prêt-à-porter-Mode führen die Geschäfte in der Rue des Grandes Arcades, der Rue des Francs-Bourgeois und der Grand'Rue.

■ **La Foulardière**

33, rue des Hallebardes

Das Modegeschäft hat sich auf Halstücher und Schals spezialisiert, führt aber auch andere modische Accessoires wie Taschen und Gürtel sowie Prêt-à-porter-Mode für Damen.

■ **Lancel**

9, pl. Kléber

Hochwertige Ledertaschen von namhaften Designern und aus eigener Herstellung.

■ **Eventails Olivia Oberlin**

7, pl. du Marché Neuf

Dekorative Fächer in den unterschiedlichsten Stilrichtungen und Farben.

■ **Princesse Tam-Tam**

3, rue des Hallebardes

Freche Dessous und verführerische Nachtwäsche.

■ **Boutique Deetjen**

1–3, rue Jean Monnet
Schiltigheim

Exquisites Tafelsilber, das auch in der gehobenen Gastronomie gern verwendet wird.

■ **Ypê – Affineur de Savon**

4, rue du Bain aux Plantes

Handgefertigte Seifen auf Basis ökologisch angebauter Naturprodukte.

■ Weitere Adressen ❭ Special S. 75 und im »Unterwegs«-Teil.

Am Abend

Im Sommer ist Straßburg eine große Bühne. Die Stadt wartet mit einem Openair-Programm auf, das auch Sound & Light-Shows am Münster umfasst. An der kleinen Place du Marché Gayot ❯ S. 72 wird so manche laue Nacht zum Tag. Auch in den Cafés und Bars der Rue des Frères herrscht munteres Treiben. Studenten verleihen dem Nachtleben in der Krutenau und rund um die Place St-Etienne ❯ S. 72 Farbe.

Klassischen Musikgenuss auf höchstem Niveau bieten die renommierte Opéra du Rhin und das im Palais de la Musique auftretende Orchestre Philharmonique. In verschiedenen Kirchen der Stadt, u.a. im Münster und in St-Thomas, finden stimmungsvolle Orgelkonzerte statt.

Ob Blues, Rock oder Techno – für jeden Musikgeschmack finden sich passende Kneipen und Diskotheken; einige Nachtlokale haben bis 3 Uhr und länger geöffnet.

Tickets und Info

Karten für die meisten Veranstaltungen bekommt man in der **Boutique Culture** am Münsterplatz (Pharmacie du Cerf, Tel. 03 88 23 84 65, www.zenith-strasbourg.com, Di–Sa 12–19 Uhr) oder bei **FNAC** an der Place Kléber (Tel. 03 88 52 21 21, www.fnac.com/strasbourg, Mo–Fr 10–19, Sa 9–19 Uhr).

Bekannte Rock- und Pop-Bands treten im Parc des Expositions Wacken auf.

Auch das Angebot für Cineasten ist groß, die meisten Lichtspielhäuser sind rund um die Place Kleber angesiedelt.

Dem Nachtleben der Stadt widmet sich auch das Special S. 108.

Oper und Konzert

■ **Opéra du Rhin**
19, pl. Broglie][Tel. 08 25 84 14 84
www.operanationaldurhin.eu
Seit den 1970er-Jahren stellen Colmar, Mülhausen und Straßburg gemeinsam Opernproduktionen auf die Beine, die turnusmäßig in allen drei Städten aufgeführt werden. Auf dem Programm stehen auch Ballett- und Konzertabende (Saison Sept.–Juli; Kasse Mo–Fr 10–12, 14–18, Sa 14–16 Uhr und eine Stunde vor Vorstellungsbeginn).

■ **Orchestre Philharmonique**
Palais de la Musique et des Congrès
Place de Bordeaux (Wacken)
Tel. 03 69 06 37 06
www.philharmonique-strasbourg.com
Das Orchester genießt ein nationales Renommee, das es regelmäßig auch bei Auftritten auf dem sommerlichen Festival International de Musique unter Beweis stellt (Kasse Mo–Fr 9–18 Uhr).

■ **Cité de la Musique et de la Danse**
1, pl. Dauphine][Tel. 03 88 43 68 00
www.conservatoire-strasbourg.fr
Im Konservatorium finden Konzerte von Studenten und Profimusikern statt.

Theater

■ Théâtre National de Strasbourg (TNS)
1, av. de la Marseillaise
Tel. 03 88 24 88 24][www.tns.fr.
Einzige vom Staat subventionierte
Provinzbühne Frankreichs. Zwei Säle
im Haus und zwei weitere in der Nähe,
klassisches Theater und moderne
Stücke, z.T. in Deutsch bzw. mit
Untertiteln in deutscher Sprache.

■ Théâtre Jeune Public
7, rue des Balayeurs (Grande Scène)
1, rue du Pont St-Martin (Petite Scène)
Tel. 03 88 35 70 10
www.theatre-jeune-public.com
Schauspiel, Figuren- und Musiktheater
für Kinder und Jugendliche.

Das elsässische »Moulin Rouge«

Kirrwiller wäre ein ganz gewöhnli-
ches Dorf ca. 30 km nordwestlich
von Straßburg, gäbe es dort nicht
eines der größten Revuetheater
Frankreichs. Mit kaum mehr als ein
paar Federn und Strass bekleidete
Showgirls, Magier und das Dîner
dansant locken Gäste in Scharen an.
Das Programm wechselt jährlich.
Show, Menü und Tanz sind im
Eintrittspreis inbegriffen.
Royal Palace
20, rue de Hochfelden
67330 Kirrwiller
Tel. 03 88 70 71 81
www.royal-palace.com
Anfahrt mit dem Pkw von Straßburg
über die A 4 Richtung Haguenau,
bei Hochfelden abfahren auf die D 7
nach Bouxwiller.

■ Maillon-Théâtre Germain Muller
13, pl. André Maurois
Tel. 03 88 27 61 71
www.le-maillon.com
Kabarett, Folkloretänze, Theater im Stil
Shakespeares – diese Kleinkunstbühne
bietet alles.

■ Théâtre Alsacien
19, pl. Broglie
Tel. 08 25 84 14 84
www.theatre-alsacien-strasbourg. com
Das 1898 gegründete, nicht nur bei
älterem Publikum beliebte Dialekt-
theater zeigt vorwiegend mit derbem
Humor gewürzte Lustspiele.

■ La Choucrouterie
20, rue St-Louis
Tel. 03 88 36 07 28
www.theatredelachouc.com
In einer ehemaligen Sauerkrautfabrik
wird satirisches Kabarett in Elsässer
Mundart, Französisch und manchmal
auch Deutsch aufgeführt.
Das angeschlossene Restaurant
serviert Sauerkraut-Spezialitäten
(Tel. 03 88 36 52 87, ●●).

Bars und Kneipen

■ Le Gayot
18, rue des Frères
Beliebte Weinbar; im Sommer kann
man draußen auf der Place du Marché
Gayot sitzen.

■ Le Saxo
8, rue des Frères
Sympathische Bar mit Bluesmusik und
einer beeindruckenden Auswahl an
bunten Cocktails.

■ Les Aviateurs
12, rue des Sœurs
Wer in die mit Propellern und Flugzeu-
gen dekorierte Bar américain möchte,
muss am Eingang klingeln.

Ein Hauch Paris im Revuetheater Royal Palace in Kirrwiller

■ Académie de la Bière
17, rue Adolphe Seyboth
Flammkuchen essen, dazu ein elsässisches Bier trinken und dann ab in die
Kellerdisko.

■ Jeannette et les Cycleux
30, rue des Tonneliers
Gesellige Weinbar mit origineller, dem
Mofa (franz. Cyclomoteur) gewidmeter
Dekoration.

■ Jimmy's Bar
30, quai des Bateliers
Bei jungem Publikum beliebtes Lokal
mit Livemusik und DJ-Auftritten.

■ Le Living Room
11, rue des Balayeurs
In der Bar mit Kamin gibt es Livemusik.
Voll wird es ab 23 Uhr (geöffnet bis
4 Uhr morgens).

■ Les Brasseurs
22, rue des Veaux
Zünftiges Musiklokal mit Brauerei.
Die Bühne befindet sich im Keller.

■ La Salamandre
3, rue Paul Janet
Konzerte, Ausstellungen, Kleinkunst,
Cybercafé; Sa ab 21 Uhr Tanz.

Diskotheken

■ Le Rétro
24, pl. des Halles
Disko zum Abtanzen für ein gemischtes
Publikum von 18–55 Jahren. Do–Sa.

■ Hot Boat
Quai des Belges
Angesagter Disko-Club auf einem
ehemaligen Schleppkahn, wechselnde
Themenabende. Mi–Sa 21.30–4 Uhr.

■ Le Chalet
376, route de la Wantzenau
Die stadtbekannte Großraumdisko
liegt etwas außerhalb im Norden.

Kinos

■ Pathé Vox
17, rue des Francs-Bourgeois
Tel. 03 92 68 72 12
Supermodernes Kinozentrum mit fünf
Sälen, auf dem Programm stehen
vorwiegend Blockbuster.

■ Odyssée
3, rue des Francs-Bourgeois
Tel. 03 88 75 11 52
Das Programmkino zeigt Autorenfilme,
Themenreihen und Retrospektiven.

Land & Leute

Steckbrief][Geschichte im Überblick][
Die Menschen][Kunst und
Kultur][Feste und Veranstaltungen

Steckbrief

Straßburg

Amtssprache: Französisch
Landesvorwahl: 00 33
Währung: Euro
Zeitzone: MEZ

Fläche: 78 km²
Einwohner: 273 000 Einw., im Stadt-
verband leben 455 000 Einw.
Bevölkerungsdichte: 3488 Einw./km²
Verwaltungseinheiten: 28 Kommunen

Geographie

Straßburg liegt in der Oberrheini-
schen Tiefebene am Flüsschen Ill.
Die Flussarme und -kanäle umgeben die Altstadt, deren Zentrum
auf der Insel zum UNESCO-Welt-
kulturerbe erklärt wurde. Nördlich schließt sich ein Viertel aus
der deutschen Kaiserzeit im wilhelminischen Stil an. Östlich liegen die als Wohngegend beliebte
Krutenau und die Universität.
Straßburg ist längst bis zum Rhein
gewachsen, dessen bedeutender
Hafen über den Rhein-Rhône-
und den Rhein-Marne-Kanal er-
reichbar ist. Die größten Vororte
sind Schiltigheim im Norden und
Illkirch im Süden.

Verwaltung

Die bedeutendste Stadt Ostfrank-
reichs ist Hauptstadt des Département Bas-Rhin und der Region
Alsace. Die Communauté Urbai-
ne de Strasbourg (CUS), der

Stadtverband, umfasst insgesamt
28 Kommunen um den Stadtkern.
An ihrer Spitze steht seit den
Kommunalwahlen im März 2008
der Sozialist Roland Ries, der bereits 1997–2001 das Amt des Stell-
vertretenden Bürgermeisters be-
kleidet hatte.

Sprache

Französisch steht in Straßburg
nicht nur als Verwaltungs-, sondern auch als Umgangssprache an
erster Stelle. Die Chancen sich auf
Deutsch zu verständigen sind
dennoch erstaunlich gut, obwohl
es vor allem für jüngere Elsässer
inzwischen eine Fremdsprache
ist. Das wie die deutsche Hoch-
sprache im Verschwinden begrif-

fene Elsässerditsch, ein alemannischer Dialekt, hat im Zuge der Dezentralisierung letzthin eine Aufwertung erfahren. Im historischen Zentrum von Straßburg fallen inzwischen zweisprachige Schilder auf.

Umwelt und Verkehr

Schon länger als in anderen französischen Städten ist man in Straßburg bemüht, das innerstädtische Verkehrsaufkommen zu verringern. Einen wichtigen Schritt tat man 1995 mit der Wiedereinführung der 1960 stillgelegten Straßenbahn quer durch die Stadt und das historische Zentrum. Auch für das Fahrrad machen sich die Verantwortlichen in der Stadtverwaltung stark: Den städtischen Angestellten stehen Dienstfahrräder zur Verfügung. Touristen können preisgünstig Räder mieten › S. 19. Einen weiteren Beitrag zu einer ökologischen Zukunft leistete die Anbindung an die TGV-Linie Stuttgart–Paris.

Wirtschaft

Straßburg geht es gut. Die Arbeitslosenquote ist vergleichsweise niedrig – dank der attraktiven Altstadt, der verkehrsgünstigen Grenzlage und nicht zuletzt der Europäischen Union. Fast drei Viertel der Beschäftigten sind im Dienstleistungssektor tätig, Straßburg ist zweitwichtigster Bankenstandort des Landes.

Im 19. Jh. entwickelte sich Straßburg vom landwirtschaftlichen Zentrum zur Industriestadt. Die Nahrungs- und Genussmittelproduktion spielt weiterhin eine wichtige Rolle. In der näheren Umgebung von Straßburg sind große Brauereien angesiedelt › S. 32.

Neben der Erdöl- und Metallverarbeitung sind die Bauwirtschaft und die chemische Industrie wichtige Wirtschaftsfaktoren. Nicht zu unterschätzen ist weiterhin die Bedeutung des Hotelgewerbes und der Gastronomie.

Nach Duisburg und Ludwigshafen-Mannheim ist Straßburg der drittgrößte Rheinhafen, und nach Paris der zweitgrößte französische Binnenhafen. Der Güterumschlag beträgt 10 Mio. t pro Jahr. Über den Rhein-Main-Donau-Kanal besteht eine Verbindung bis nach Südosteuropa.

Institutionen

Neben seiner renommierten Universität besitzt Straßburg bedeutende Schulen, darunter die Staatliche Schule für Dramatische Künste und die prestigeträchtige Verwaltungshochschule ENA, in der die Elite des Landes ausgebildet wird.

In Illkirch und Graffenstaden ist der Parc de l'Innovation mit Entwicklungszentren für Naturwissenschaften und neue Technologien entstanden. Schwerpunkte bilden hier u.a. die Kern- und Genforschung sowie der medizinische Bereich.

Bekannter als die nationalen sind die europäischen Institutionen: Straßburg ist Sitz des Europarates, des Europaparlaments und des Europäischen Gerichtshofs für Menschenrechte › S. 122.

Geschichte im Überblick

12 v. Chr. Die Römer errichten am Schnittpunkt zweier Heeresstraßen das Militärlager Argentoratum. Schon 400 Jahre zuvor hatten sich an dieser Stelle Kelten niedergelassen.

3.–4. Jh. Nach fortdauernden alemannischen Überfällen geben die Römer das Lager auf.

451 Attilas Hunnen plündern und zerstören die alemannische Siedlung.

496 Der fränkische König Chlodwig vertreibt die Alemannen; das Christentum setzt sich allmählich durch.

Ab 6. Jh. Die fränkischen Bischöfe üben auch die weltliche Macht über die Stadt aus. Der Name »Strateburgum« (Burg an den Straßen) ist seit dem ausgehenden 6. Jh. überliefert.

842 Karl der Kahle und Ludwig der Deutsche kämpfen bei der Teilung des Karolingerreiches gemeinsam gegen ihren Bruder Lothar. Ihre Schwüre werden auch in den Umgangssprachen der Truppen, in Altfranzösisch und Althochdeutsch, schriftlich niedergelegt. Die Straßburger Eide sind das älteste überlieferte Zeugnis der altfranzösischen Sprache.

870 Straßburg wird mit dem Elsass dem Ostreich zugeschlagen und bleibt bis ins 17. Jh. Teil des späteren Römischen Reiches Deutscher Nation.

925 Das Elsass kommt zum Herzogtum Schwaben.

1015 Unter Bischof Wernher von Habsburg beginnt die Bautätigkeit am Münster.

13. Jh. Straßburg befreit sich vom bischöflichen Stadtregiment und wird zur Freien Reichsstadt unter dem Schutz des Kaisers.

1349 Valentinstag-Massaker an den Juden, die man für den Ausbruch der Pest verantwortlich macht. 2000 jüdische Bürger werden ermordet, die Überlebenden ausgewiesen. Bis zur Französischen Revolution bleibt es Juden bei Todesstrafe untersagt, sich nach 22 Uhr innerhalb der Stadtmauern aufzuhalten.

14./15. Jh. Die Dominikaner Meister Eckhart und Johannes Tauler machen Straßburg zu einem Zentrum der Mystik. Der Theologe Thomas Murner und der Prediger Geiler von Kaysersberg verbreiten das Gedankengut des Humanismus. Die Stadt hat ca. 20 000 Einwohner.

1440 Johannes Gutenberg stellt in Straßburg seine erste Druckerpresse fertig.

16. Jh. Im Zuge der Reformation wird das Münster 1529 protestantisch. Jakob Sturm gründet 1538 ein reformiertes Gymnasium, das später Teil der Universität wird.

1681 Louis XIV. besetzt Straßburg und beschränkt die Rechte der Reichsstadt. Als Grenzstadt erhält sie neue, von Vauban geplante Befestigungsanlagen. Das Münster wird katholisch.

18. Jh. Die Familie Rohan stellt in diesem Jahrhundert fast alle Bischöfe. Der französische Einfluss nimmt zu.

1770 Die Universität genießt einen internationalen Ruf, der auch Goethe anzieht.

1789 Die Französische Revolution wird euphorisch aufgenommen. Claude-Joseph Rouget de Lisle komponiert mit dem Kampflied für die Rheinarmee die spätere Marseillaise. Als »Tempel der Vernunft« entgeht das Münster weitgehend den Zerstörungen. Straßburg wird Präfektur des Département Bas-Rhin.

1870/71 Im Deutsch-Französischen Krieg erobern die Preußen Straßburg, das zur Hauptstadt des neuen Reichslandes Elsass-Lothringen wird.

1918 Im Vertrag von Versailles wird Straßburg wieder Frankreich zugeschlagen.

1940–1944 Die Wehrmacht marschiert ein. Unter den Nationalsozialisten erleben die Bürger schwere Jahre.

1944 Französische Truppen unter Général Leclerc befreien die Stadt.

1945 De Gaulle gründet die École Nationale d'Administration (ENA), die traditionell die Elite der französischen Verwaltungsbeamten ausbildet.

1949 Der Europarat bezieht seinen Sitz an der Ill.

1958/59 Das Europäische Parlament tagt erstmals in Straßburg. Ein Jahr später wird der Europäische Gerichtshof für Menschenrechte eingerichtet.

Der gründerzeitliche Prachtbau des Lycée International am Illufer

1992 Der europäische Gipfel in Edinburgh beschließt, Straßburg zum offiziellen Hauptsitz des Europäischen Parlamentes zu machen.

1998 Eröffnung des Musée d'Art Moderne et Contemporain.

1999 Einweihung des neuen Plenarsaals des Europaparlaments (IPE IV).

2004 Straßburg richtet gemeinsam mit Kehl eine grenzübergreifende Landesgartenschau aus.

2007 Der Hochgeschwindigkeitszug TGV verbindet Straßburg mit Paris; in der Stadt wird die neue Straßenbahnlinie E in Betrieb genommen.

2008 Der Sozialist Roland Ries wird als Nachfolger von Fabienne Keller (UMP) zum Oberbürgermeister der Stadt gewählt.

2009 Schwere Krawalle überschatten den Gipfel zum 60-jährigen Bestehen der NATO.

Die Menschen

Über Jahrhunderte hinweg zwischen zwei Nationen hin- und hergerissen zu sein, hat die Elsässer in ihrem kulturellen Bewusstsein geprägt. Nur allzu oft war es der Region unmöglich, ihre von Außenstehenden jeweils als französisch bzw. deutsch empfundenen Wesenszüge als ureigen elsässisch auszuleben. Wechselnde Fremdherrschaften forderten stets neue Anpassungsleistungen: 1871 wurde das Elsass zum deutschen Reichsland gemacht, nach dem Ersten Weltkrieg wieder Frankreich zugeschlagen, 1940 von den Nazis besetzt und 1944 erneut befreit. Dabei wollte die Masse der Elsässer selbst eigentlich keinem angehören, weder dem deutschen Kaiserreich, noch der Dritten Republik, und schon gar nicht dem faschistischen Deutschland, das so weit ging, Elsässer in die deutsche Wehrmacht zu zwingen. Denn eines hatte bittere Erfahrung gelehrt: Welche Obrigkeit auch gerade das Sagen hatte – ihre Haltung war stets die gleiche. Die neuen Untertanen mussten von der barbarischen Kultur der anderen Nation befreit und von den Segnungen der eigenen überzeugt werden – notfalls mit Zwang.

Der Schriftsteller Ernest Renan wollte die persönlichen und politischen Konflikte im 19. Jh. mit folgender Formel lösen: »La nation, c'est un plébiscite de tous les jours« – die Nationszugehörigkeit sei als tägliche Willensentscheidung zu bekunden. Gäbe es heute tatsächlich eine Umfrage, würden zweifelsohne die meisten Straßburger Frankreich als Heimatland wählen. Daran ändern auch ihre Bestrebungen nichts, für die Region Alsace größere Unabhängigkeit von Paris zu erlangen.

Zunehmend etabliert sich jedoch eine Haltung, die mit der Frage der nationalen Identität eher pragmatisch umgeht. Die schwierigen Erfahrungen als Grenzland haben zur Entstehung eines außerordentlichen Kapitals an Weltoffenheit und an internationaler bzw. europäischer Kompetenz in Politik und Verwaltung, in Industrie und Handel, in Kultur und Wissenschaft geführt. Mit Deutschland und der Schweiz hat das Elsass gleich zwei deutschsprachige Nachbarn, und im Europa der offenen Grenzen und der Arbeitsmobilität sind doppelte kulturelle Wurzeln und Zweisprachigkeit eher förderlich.

Den heutigen Elsässer hat Tomi Ungerer augenzwinkernd, aber recht zutreffend karikiert: »Beim Elsässer ist, ganz darwinistisch, ein Arm länger als der andere. Der lange Arm ist nützlich, um die deutsche Kuh überm Rhein zu melken oder die französische hinter der blauen Linie der Vogesen. Aber nicht nur zum Melken, sondern auch, um sich die Hand zu geben.«

Buch-Tipp Tomi Ungerer, Die Gedanken sind frei: Meine Kindheit im Elsaß (Diogenes 2006).

Kunst und Kultur

Durch ihre Lage an bedeutenden Verkehrswegen, im Grenzgebiet verschiedener politischer Machtsphären gelangten die unterschiedlichsten kulturellen Einflüsse in die Stadt. Vor allem im Zeitalter des Humanismus und der Reformation war Straßburg ein künstlerisches und geistiges Zentrum mit weitreichender Ausstrahlung.

Frühgeschichte und Antike

Das Elsass wurde bereits in vorgeschichtlicher Zeit besiedelt. Zu den seltenen Relikten aus dieser Zeit zählt die Heidenmauer (Mur Païen), die das Gipfelplateau des Mont Ste-Odile umzieht ❭ S. 137.

58 v. Chr. eroberte Caesar das Gebiet; unter Kaiser Augustus erfolgte 12 v. Chr. die Gründung Straßburgs als Argentoratum. Archäologische Überreste aus dieser Zeit sind rar, doch ist das typisch römische rechtwinklige Straßenraster im Plan der Altstadt noch ablesbar. An der Stelle der heutigen Rue du Dôme und Rue des Hallebardes/Rue des Juifs verliefen einst der Cardo und der Decumanus (Hauptachsen in Nord-Süd- bzw. West-Ost-Richtung). Sie kreuzten sich am heutigen Münsterplatz, schon damals Zentrum der Stadt mit Marktplatz und Tempel.

Romanik

Der aufblühenden Klosterkultur der Romanik verdankt das Elsass seine schönsten Architekturdenkmäler. Von der Blüte der romanischen Baukunst in der Stauferzeit zeigt die Kirche St-Pierre-et-Paul in Rosheim ❭ S. 135. Der bedeutendste Bau dieser Epoche in Straßburg ist das Münster. 1015 begann Bischof Wernher von Habsburg mit der Errichtung einer gewaltigen Basilika, die im 12. Jh. nach schweren Bränden im Stil der frühen burgundischen Romanik neu geplant wurde. Es gelangten jedoch nur Chor und Vierung zur Ausführung, dann setzte sich die aus dem benachbarten Frankreich stammende Gotik mit Verspätung auch am Rhein durch. In die Frühzeit romanischer Architektur geht der schlichte Kreuzgang von St-Pierre-le-Jeune (protestant) zurück.

St-Pierre-et-Paul in Rosheim

Auf das späte 12. Jh. gehen einige Glasmalereien zurück, die heute im Museum der Dombauhütte › S. 68 zu bewundern sind. Zu den bedeutendsten dieser Scheiben zählen die älteren Kaiserfenster aus dem Münster. Von der jüngeren Forschung inzwischen ebenfalls auf das späte 12. statt auf das 11. Jh. datiert wird der berühmte Christuskopf aus der Abteikirche von Weißenburg.

Unter den literarischen Werken der Epoche ragt das Versepos »Tristan und Isolde« hervor, das Gottfried von Straßburg um 1210 vermutlich in dieser Stadt dichtete.

Gotik

Im Hochmittelalter ging mit dem Aufschwung von Handel und Gewerbe ein epochaler gesellschaftlicher Wandel einher: Das städtische Bürgertum erstarkte und erstritt sich Rechte, so auch in Straßburg. 1262 konnte die Stadt die Herrschaft des Bischofs entscheidend beschränken, 1286 übernahm sie die Bauleitung für das Münster, das Hauptwerk der elsässischen Gotik › S. 60. Wohl in den gotischen Hochburgen Chartres und Sens geschulte Meister errichteten 1225 den südlichen Querhausarm und das Langhaus des Münsters. Die Gesamtkonzeption der Westfassade mit der riesigen Fensterrose geht im Wesentlichen auf Erwin von Steinbach aus Baden zurück. Bis ins 15. Jh. wurde an der himmelstrebenden, lichtdurchfluteten Kathedrale gearbeitet. Große spitzbogige Maßwerkfenster durchbrechen die Wände, die das Gewicht der Gewölbe nicht mehr tragen mussten. Diese Aufgabe übernahmen nun Kreuzrippen, Strebepfeiler und die Strebebögen am Außenbau.

Auch die zweitgrößte Kirche der Stadt, St-Thomas › S. 84, verdankt der gotischen Epoche ihr heutiges Erscheinungsbild. Sie wurde im frühen 14. Jh. zu einer fünfschiffigen Hallenkirche umgebaut, der ältesten dieses Typs im gesamten Elsass.

Auf den großen Baustellen der Gotik fanden auch Bildhauer Arbeit. Vor allem die Portale wurden nun genutzt, um die Gläubigen auf das Weltgericht vorzubereiten und ihnen Vorbilder für ein christliches Leben an die Hand zu geben. Im 13. Jh. wurde das romanische Südportal des Münsters mit gotischen Skulpturen bestückt. Das linke Bogenfeld zeigt eine Darstellung des Marientods. Der Handwerker hat den Schmerz der Personen mehr in ihren verhaltenen Bewegungen als in den Gesichtern sichtbar gemacht, meisterlich nutzt er auch den Faltenwurf der Gewänder, um Stimmungen auszudrücken. Die Gewandfalten von Ecclesia und Synagoge lassen die Konturen der Leiber durchschimmern, der Körper erfährt in der Kunst deutlich mehr Aufmerksamkeit als zuvor. Die Originale der Münsterskulpturen werden heute aus restauratorischen Gründen im Museum der Bauhütte › S. 68 aufbewahrt.

Auch die Glasmalerei gelangt in der Gotik zu hoher Blüte – einige herausragende Beispiele blieben erhalten. Das Münster besitzt, auch in

Die Münsterbauhütte

Jahrhundertelang war das Münster eine Großbaustelle. Auf schlammigen
Wegen karrte man Sandstein, Holz und anderes Baumaterial heran, Gerüste
wurden errichtet, Steinmetze meißelten mühsam die Blöcke, welche die Maurer
Stück für Stück setzten. Handwerker unterschiedlichster Branchen, die alle am
Münster arbeiteten, hatten sich zu einer Bauhütte genannten Vereinigung
zusammengeschlossen. Dieser straff organisierte Werkstattverband ermöglich-
te es unter anderem den Steinmetzen, während der Wintermonate auf Vorrat
zu arbeiten. Die Bauhütte stellte sicher, dass die Durchführung des ehrgeizigen
Projekts in geordneten Bahnen verlief. Sie kümmerte sich um die Einhaltung
der Vorschriften, die Ausbildung, die Entlohnung der Mitglieder und ihren
Umgang untereinander und regelte das Verhältnis zu anderen Bauhütten.
Der Vereinigung stand ein Hüttenmeister vor, der für Entwurf und Ausführung
des Baus zuständig war. Er führte das Bauhüttenbuch, das eigene Entwürfe,
Kopien anderer und Zeichnungen einzelner Details enthielt. In erster Linie war
es wohl als Muster für die Ausbildung der Steinmetzen gedacht. Solche Bücher
mit mittelalterlichen Architekturplänen sind nur spärlich erhalten – u.a. vermutlich deswegen, weil die Bauhütten ihr kostbares Wissen streng geheim
hielten und nur in mündlicher Unterweisung weitergaben. Baurisse wie die im
Musée de l'Œuvre Notre Dame › S. 68 bewahrten stellen daher kulturhistori-
sche Kostbarkeiten von unermesslichem Wert dar.

Nachdem Straßburg 1332 freie Reichsstadt geworden war, kümmerte sich der
Magistrat um den Münsterbau. Gleich neben der Baustelle, im heutigen Musée
de l'Œuvre Notre-Dame, hatte das »Werk unserer Lieben Frau« seinen Sitz.
Diese Institution kümmert sich bis heute gemeinsam mit der regionalen
Denkmalschutzbehörde um den Erhalt der Kathedrale. Sie nimmt zudem die
Funktion eines Vermögensverwalters wahr und sorgt für die ordnungsgemäße
Vergabe von Geldern aus Stiftungen und Schenkungen.

Frankreich eine Seltenheit, noch große Teile seiner Verglasung aus dem 13. und 14. Jh. Um die Mitte des 15. Jhs. betrieb Peter Hemmel von Andlau in Straßburg eine große Glasfensterwerkstatt. Er führte Arbeiten für das Münster, aber auch für viele andere Kirchen im süddeutschen Raum aus. Einige seiner Werke sind heute in der Kirche St-Guillaume › S. 106 und im Museum der Münsterbauhütte › S. 68 zu sehen.

Zu den Hauptwerken spätgotischer Tafelmalerei im Elsass gehören Martin Schongauers »Madonna im Rosenhag« und Matthias Grünewalds Isenheimer Altar. Beide sind in Colmar › S. 131 zu bewundern.

Humanismus, Reformation und Renaissance

Im 15. Jh. hielt der Humanismus in Straßburg Einzug, das mit zahlreichen Klosterschulen und Lehrern wie Albertus Magnus und Meister Eckhart bereits auf eine gewisse Tradition zurückblicken konnte.

1434 entwickelte Johannes Gutenberg nach einigem Experimentieren ein Druckverfahren mit beweglichen Lettern aus Metall. Ob ihm dies in Straßburg oder Mainz gelang, ist bis heute nicht eindeutig geklärt. Sicher ist hingegen, dass er 1458 wegen Zinsschulden geächtet wurde, die auf diese Zeit zurückgingen. Seine Erfindung machte Straßburg zu einem frühen Zentrum des Verlagswesens.

Hans Baldung Griens Madonna im Musée des Beaux Arts

Ein früher Humanist war Johann Geiler von Kaysersberg, ab 1478 Münsterprediger. Die Massen strömten ihm zu, weil er bei seiner in volksnaher Sprache vorgebrachten Kritik am Zustand der Welt weder Adel noch Klerus schonte. Die Münsterkanzel › S. 66 wurde eigens für ihn errichtet.

So vorbereitet, fiel die Reformation in Straßburg auf fruchtbaren Boden. 1523 erhielt Martin Bucer, ein vom Papst mit dem Bann belegter protestantischer Theologe, im toleranten Straßburg Asyl. 1529 wurde der katholische Kult abgeschafft, das Münster blieb bis zur Gegenreformation 1681 protestantisch.

Im 15. Jh. florierte auch der Handel, die Bürgerschaft kam zu Wohlstand und begann sich zu emanzipieren. Ein Spiegel dieses neuen Reichtums und Selbstbewusstseins sind die Straßburger Renaissancegebäude: Die Chambre de Commerce an der Place Gutenberg › S. 83 wurde als neues Rathaus der Freien Reichsstadt an Stelle einer während der Reformation abgerissenen Kirche errichtet. Besonders aufwändig ließ ein reicher Kaufmann sein Haus an der Place de la Cathédrale schmücken. An der Maison Kammerzell › S. 70 blieb kein Zentimeter Balken ohne Schnitzerei.

Stellvertretend für die Malerei der Zeit sei Hans Baldung Grien (1485–1545) genannt, Stadtrat und bischöflicher Hofmaler in Straßburg. Der Dürer-Schüler malte neben religiösen Themen bevorzugt Porträts. Einige seiner Werke sind im Museum der Dombauhütte › S. 68 zu sehen.

Schnitzfigur an der Schaufront der Maison Kammerzell

1494 erschien das noch heute berühmte **Narrenschiff** des Stadtschreibers Sebastian Brant. Der Professor der Rechte kritisierte mit seiner Satire Eitelkeiten und soziale Missstände.

Barock und Rokoko

Aus dem 17. Jh. gibt es keine nennenswerten Bauten in Straßburg, das in den Dreißigjährigen Krieg verwickelt war und anschließend von den Franzosen besetzt wurde. Vauban, Festungsbaumeister von Louis XIV., entwarf eine Zitadelle, von der nur spärliche Überreste erhalten sind › S. 86. Man orientierte sich zunehmend am französischen Geschmack, für den mit dem Bischofspalast, dem Palais Rohan › S. 76, ein hervorragendes Vorbild zur Verfügung stand.

Unter den plastischen Werken ragt das Grabmal des Marschalls Moritz von Sachsen in der Kirche St-Thomas hervor › S. 84. Louis XV. gab die Arbeit bei Jean-Baptiste Pigalle in Auftrag.

Historismus der Gründerzeit

1871 wurde Straßburg Hauptstadt des deutschen Reichslandes Elsass-Lothringen und das Kaiserreich übernahm die Stadtplanung. Um den Herrschaftsanspruch der neuen Obrigkeit zu zementieren, stampfte man nordöstlich der Illinsel ein neues Viertel mit überwiegend öffent-

Musée d'Art Moderne

lichen Bauten aus dem Boden
❯ S. 111. Die Architekten orientierten sich dabei an historischen Stilen. Neben Verwaltungsgebäuden erhielt Straßburg einen Bahnhof, eine Universität, einen Justizpalast und natürlich eine monumentale Residenz, die dem Kaiser bei seinen Aufenthalten zur Verfügung stehen sollte.

Moderne

Auf den Historismus folgte der Jugendstil, den in Straßburg die Bains Municipaux ❯ S. 19 repräsentieren. Das Stadtbad wurde 1908 von Fritz Beblo erbaut, einem deutschen Architekten, der von 1903–1918 in Straßburg als

Tomi Ungerer

Für die einen ist Tomi Ungerer ein perverser Zyniker mit Zeichenstift, für andere ein genialer Kritiker von Sexbesessenheit und Dekadenz. Er selbst sieht sich als »Pendler zwischen heiler und geiler Welt«.

Der 1931 geborene Sohn einer alteingesessenen Straßburger Familie – Uhren des Münsters stammen u.a. aus der Ungererschen Produktion – ist jedenfalls eine der provozierendsten Gestalten der internationalen Kunstszene. Sein Werdegang in Stichworten: Ungerer ging 1956 nach New York, machte sich mit Zeichnungen für das Kinderbuch »The Mellops go flying« einen Namen und arbeitete als Karikaturist. Mit seinen derben, erotischen Karikaturen im Buch »The Party« brüskierte er die New Yorker Gesellschaft.

Schockierende Zeichnungen wurden zu einem seiner Markenzeichen, aber er illustrierte auch liebevoll das »Große Liederbuch« mit elsässischen Landschaftsszenen im Biedermeierstil. Und für die Zweihundertjahrfeier der Französischen Revolution entwarf er einen Zyklus von Zeichnungen mit dem Titel »Liberté, Egalité, Fraternité«.

Das Multitalent hat es sich zum Ziel gesetzt, mit seiner Kunst einen Beitrag zur Förderung der Freundschaft zwischen Deutschen und Franzosen zu leisten. Der in Straßburg und Irland lebende Künstler unterstützt die Association Franco-Allemande pour l'Europe. Für sein großes Engagement wurde ihm das deutsche Bundesverdienstkreuz verliehen. Zu Straßburg unterhält der Künstler kontinuierlich eine intensive Beziehung ❯ S. 117.

Stadtbauinspektor und später als Stadtbaurat fungierte. Ein Protagonist der Klassischen Moderne war der Maler, Bildhauer und Dichter Hans Arp (1887–1966). Er gilt als Mitbegründer der Dada-Bewegung, in seinen späteren Jahren schuf er vor allem abstrakte Skulpturen. Arp wirkte innerhalb eines Zirkels von Künstlern, der das künstlerische Leben Straßburgs maßgeblich prägte. Man findet Zeugnisse dieses Wirkens nicht nur im Musée d'Art Moderne et Contemporain > S. 110 und in der Avenue du Général de Gaulle, wo drei Skulpturen stehen, sondern neuerdings auch wieder in der Aubette > S. 98.

Christophe Meyer, in Colmar geboren, malt in Straßburg seine archetypischen Menschen. Der Straßburger Raymond Waydelich skizziert mit Witz und Ironie Szenen, die einerseits an Steinzeitmalereien, andererseits an moderne Comicstrips erinnern. Tomi Ungerer > Exkurs S. 54 ist der bekannteste Zeichner, Karikaturist und Illustrator Straßburgs.

Feste und Veranstaltungen

Februar/März: Karneval – großer Umzug durch die Innenstadt am Sonntag nach Fastnacht.

Mai: Mit **Paraden am 8. Mai** wird die deutsche Kapitulation 1945 gefeiert; **Courses de Strasbourg** – Rennen für Langstreckenläufer und Rollstuhlfahrer.

Im Sommer finden in der Fußgängerzone jeden Samstag **Openair-Konzerte, Theatervorstellungen** und **Musikumzüge** statt.

Juni/Juli: Festival International de Musique; Foire St-Jean (Johannes-Kirmes) auf dem Messegelände Wacken.

13./14. Juli: Am Vorabend des französischen **Nationalfeiertages** gibt es eine Militärparade. Das Feuerwerk am Abend des 14. Juli lässt sich gut von den Ponts Couverts > S. 86 aus beobachten.

Juli/August: Les Nuits de Strass – Ausstellungen, Theater, Tanz und Musik, Münsterbeleuchtung (auf dem Programm stehen auch viele kostenlose Veranstaltungen).

August: Bierfest in Schiltigheim.

September/Oktober: Europa-Messe auf dem Expo-Gelände; **Musica** – Internationales Festival für moderne Musik.

November: Jazzfestival **Jazz d'Or** im Palais de la Musique et des Congrès/Wacken; **St'Art** –zeitgenössische Kunstmesse auf dem Messegelände.

Dezember: Weihnachtsmärkte > Kasten S. 97 zwischen Münster und Place Broglie.

Die genauen Termine finden sich auf der Webseite des Office de Tourisme (www.ot-strasbourg.com). Unbedingt rechtzeitig das Hotel reservieren: An Wochenenden und in Sitzungswochen des Europaparlaments sind kurzfristig kaum Zimmer zu bekommen!

Unterwegs in Straßburg

Entdecken Sie die einzelnen Stadtviertel –
jeweils mit den schönsten Touren, allem
Sehens- und Erlebenswerten, Hotel-, Restaurant-,
Nightlife- und Shoppingtipps

Altstadt auf der Illinsel

Nicht verpassen!

- Den Blick an der filigranen Westfassade des Münsters emporgleiten lassen und die Kunstfertigkeit mittelalterlicher Steinmetze bewundern
- In den Feinkostläden der Rue des Orfèvres Delikatessen für ein Picknick am Illufer erstehen
- Bei einem Glas Riesling die Fachwerkromantik des Gerberviertels auf sich wirken lassen – am besten unter den alten Platanen am Quai de la Bruche

Zur Orientierung

Nichts prägt Straßburg mehr als sein meisterliches Münster. Die himmelstürmende Fassade aus rosa Sandstein überragt die Place de la Cathédrale, das Herz der Stadt. Eilige Straßburgerinnen mit prallen Einkaufstüten suchen ein Durchkommen zwischen staunenden Touristen, weiß geschminkten Pantomimen, Jongleuren und Straßenhändlern. Sogar in der Kathedrale geht es oft nur wenig ruhiger zu. Wer die Stufen des Munsterturms zur Aussichtsplattform hinaufsteigt, kann den Schwindel erregenden Blick über das Dächermeer der Altstadt genießen. Ihre schmalen, von historischen Fachwerkhäusern gesäumten Gassen verbinden das mittelalterliche Zentrum mit der Petite France und bilden mit dem Münster die Hauptsehenswürdigkeit Straßburgs. Nördlich der Kathedrale, rund um die Rue des Orfèvres, schlägt das kulinarische Herz der Stadt mit ausgezeichneten Konditoreien und Feinkostläden. Doch auch Modeboutiquen und Geschäfte für Wohndesign locken in dem Karree zwischen Rue des Grandes Arcades, Rue du Dôme und Rue des Hallebardes, einer beliebten Einkaufsgegend mit vielen Fußgängerzonen.

Die autofreie Place Kléber ist der Mittelpunkt des pulsierenden Geschäftszentrums. Fachwerkfassaden und moderne Einkaufskomplexe bilden die Kulisse des modern designten Platzes. Hier beginnt das Französische Viertel, der nördliche Teil der Altstadt, der auf das 17. und 18. Jh. zurückgeht. Nachdem Straßburg französisch geworden war, eroberte der Pariser Architekturstil die elsässische Metropole; an rechtwinklig angelegten Straßen und Plätzen entstanden Adelspaläste und Verwaltungsbauten im Stil des Rokoko und Klassizismus. Könige und Kaiser, Söldner und Generäle kamen und gingen, ihre Denkmäler blieben. Die unruhigen Zeiten überstand eine Kirche: St-Pierre-le-Jeune ist der ruhende Pol im lebhaften Centre Ville.

Ein Spaziergang durch die malerischen Gassen des Gerberviertels bildet einen der Höhepunkte eines jeden Straßburg-Besuchs. Dicht an dicht stehen hier Fachwerkhäuser, fast wie in einem Freilichtmuseum. Im Mittelalter, als die Gerber auf den Dachböden ihre Felle trockneten, war das Viertel ziemlich verrufen: Wer an der sog. Franzosenkrankheit, der Syphilis, litt, den steckte man hierher ins Krankenlager. Heute ist das von Kanälen durchzogene Viertel schmuck herausgeputzt, die ehemaligen Handwerkerhäuser beherbergen gemütliche Weinlokale, Cafés, Antiquitätengeschäfte und Andenkenläden.

Erinnert an eine Harfe aus Stein: die Westfassade des Münsters

Unterwegs in der Altstadt

Münsterviertel

– ❶ – **Place de la Cathédrale ›**
Musée de l'Œuvre Notre Dame
› Rue du Dôme › Rue des Juifs
› Place St-Etienne › Rue des
Frères › Place du Marché Gayot
› Rue des Écrivains

Distanz/Dauer: 2,5 km, 1 Std.
(ohne Museumsbesuche)
Praktische Hinweise: Zentrale
Haltestellen für einen Rundgang durchs Münsterviertel
sind Homme de Fer, Lang-
stross/Grand'Rue oder Place
Broglie. Man sollte die Tour
möglichst am frühen Morgen
beginnen, bevor die Reise-
gruppen den Münsterplatz
stürmen. Einen guten Auftakt
bildet der Aufstieg zum Münsterturm, wer die Astronomische Uhr sehen möchte, sollte
zur Mittagszeit wieder am
Münsterplatz sein. Hier oder
an der kleinen Place du Marché Gayot östlich des Münsters
finden sich auch genügend
Lokale für eine Mittagspause.

Place de la Cathédrale

Der Münsterplatz ist *der* Treffpunkt für ganz Straßburg. Bereits
frühmorgens werden die Tische
der Cafés auf dem Pflaster zu-
rechtgerückt und die Ständer der
Andenkenläden vor die Geschäfte
gerollt, Kinder eilen zur Schule,

Einheimische zur Arbeit, die ersten Touristen stellen sich ein und
besuchen das Fremdenverkehrs-
amt, Musiker und Straßenkünst-
ler konkurrieren um den besten
Platz. Und über all dem Treiben
erhebt sich wie seit Jahrhunderten
das Münster. Man muss den Kopf
in den Nacken legen und schafft
es trotzdem kaum, sie in ihrer
ganzen Pracht zu erfassen – so ge-
waltig wirken die Dimensionen
der Kathedrale.

Christian, 10, rue Mercière. Der wohl
beste Konditor der Stadt unterhält in
der auf den Münsterplatz zuführenden
Straße einen Teesalon. Auf der Karte
stehen auch exquisite kleine Snacks.

4 ***Cathédrale
Notre Dame** ❶

Wo sich heute das Münster erhebt, befand sich von jeher das
religiöse Zentrum der Stadt: Auf
ein keltisches Heiligtum folgte das
von den Römern angelegte Forum
mit Mars- und Merkur-Tempel.
Im 4. Jh. wurde das Christentum
Staatsreligion des Römischen Reiches, schon zu dieser Zeit soll ein
erster christlicher Sakralbau aus
Holz entstanden sein.

Dessen steinerner Nachfolger
wurde im 8. Jh. durch einen karo-
lingischen und ab 1015 durch einen romanischen Neubau ersetzt.
Auf dessen Grundriss nahm das
Münster nach mehreren schweren

Die Figur der Synagoge zählt zu den berühmtesten Münsterskulpturen

Bränden ab 1176 seine heutige Gestalt an.

Begonnen wurde im Osten mit dem Chor und dem Querhaus, wobei man die Fundamente des Vorgängerbaus nutzte. Diese Bauphase war stilistisch von der burgundischen Romanik geprägt. Ab ungefähr 1225 machte sich dann der gotische Einfluss bemerkbar. Er gab dem dreischiffigen Langhaus sein Gepräge, dessen Erbauung sich über 40 Jahre hinzog. 1277 wurde der Grundstein für die Westfassade gelegt, mit deren Ausführung Erwin von Steinbach betraut wurde. Doch es kamen und gingen noch fünf Baumeister, bis Johannes Hültz aus Köln 1439 den nördlichen Turm vollenden konnte. Bis 1874 war er das höchste Bauwerk Europas, der Südturm wurde nie fertiggestellt. Dass die Namen der Baumeister bis heute überliefert sind, ist den im Museum der Münsterbauhütte ❯ S. 68 aufbewahrten, einzigartigen Originalrissen zu verdanken.

Fassade

Einige Schritte von der Südwestecke des Münster entfernt vor der Post stehend Ⓐ bekommt man einen guten Überblick über die verschiedenen Bauphasen des Münsters – von der Romanik des Chors bis zur späten Gotik des Westportals. Mit voranschreitender Zeit wird der Bau immer feingliedriger. Zutaten des 18. bzw. des 19. Jhs. sind die den Seitenschiffen vorgeblendeten neugotischen Götz-Arkaden und der neo-romanische Vierungsturm.

Der vielfarbige Vogesensand-stein der Kirche wechselt mit der Tageszeit die Farbe: von tiefrot bis altrosa. **Die filigran gegliederte Westfassade erinnert an eine steinerne Harfe.** Sie wird von drei Portalen gegliedert. Darüber erheben sich die berühmte Fensterrose und ein drittes Stockwerk.

Die meisten Skulpturen an den Portalen sind aus restauratorischen Gründen inzwischen durch Kopien ersetzt. Die Originale werden im Museum der Bauhütte, dem Musée de l'Œuvre Notre Dame ❯ S. 68 aufbewahrt.

Im Mittelalter konnten nur wenige Menschen lesen; um die Gläubigen zu einem christlichen Verhalten anzuhalten, bediente sich die Kirche daher gern bildlicher Darstellungen. Man kann den

Buntglasfenster tauchen den Innenraum in ein warmes Licht

Skulpturenschmuck des Münsters somit auch als Spiegel der damaligen Moralvorstellungen lesen. In den seitlichen Schrägen des **linken Portals** ❸ beispielsweise stechen Frauen mit langen Lanzen heftig auf liederliche Gestalten zu ihren Füßen ein. Sie stellen die Tugenden dar, die den Todsünden zu Leibe rücken. Hochmut, Völlerei, Neid und Faulheit links sowie Zorn, Habsucht, Eitelkeit und Wollust gegenüber lassen sich noch gut identifizieren. Vermittelt wurden auch wichtige Glaubensinhalte. So erzählt das Tympanon (Bogenfeld) über dem Türsturz in leicht verständlichen Bildern die Kindheitsgeschichte Christi.

Das Tympanon des **Mittelportals** ❻ schildert figurenreich die Leidensgeschichte Christi. Auf den Bogenläufen sind die Schöpfungsgeschichte und Szenen aus dem Neuen Testament wiedergegeben, jedoch in Nachschöpfungen des 19. Jhs. Dies gilt auch für die Madonna am Mittelpfeiler. Originale sind die Statuen der Propheten (um 1275) links und rechts vom Portal.

Christus als Weltenrichter ist im Tympanon des **rechten Portals** ❹ zu sehen. Im Gewände stehen die Klugen und die Törichten Jungfrauen mit ihren Öllampen, ein Gleichnis für das Vorbereitetsein auf das Reich Gottes. Ganz links lockt der Fürst der Welt als Personifikation der Verführung mit einem Apfel, während in seinem Rücken bereits das Verderben lauert. Darstellungen dieser Art entstanden unter dem Eindruck der damals durch Europa rollenden Pestwellen, in denen man Vorboten der herannahenden Apokalypse sah.

Die riesige Fensterrose über dem Mittelportal hat einen Durchmesser von 14 m. Darüber ist die Galerie der Apostel angeordnet, noch höher stehen die Engel. Die Rose überragten bis ins 14. Jh. zwei Turmstümpfe. Erst Michael Parler ließ damals den Mittelteil des dritten Fassadengeschosses einfügen.

Auf dem Weg zum spätgotischen Laurentiusportal am nördlichen Querhaus kommt man an einer prachtvollen Maßwerkbalustrade vorbei. Der Zweck dieser nach ihrem Erbauer benannten **Götz-Galerie E** aus dem 18. Jh. bestand darin, die hässlichen Buden und Läden verbergen, die zwischen den Strebepfeilern errichtet worden waren. Im Mittelalter sollen sich sogar Prostituierte, sog. Münsterschwalben, an der Kirchenwand eingerichtet haben.

Der Baldachin im Flamboyant-Stil über dem Eingang zur ehemaligen **Laurentiuskapelle F** wurde um 1500 entworfen. Hans von Aachen schuf die Madonna mit Kind und den Heiligen Drei Königen auf der einen und Laurentius mit weiteren Gestalten auf der anderen Seite. Bei der Darstellung des Laurentius-Martyriums handelt es sich um eine Nachbildung des 19. Jhs. Eine Etage höher strecken Dämonen und Fabelwesen ihre Klauen aus und leisten als Wasserspeier gute Dienste.

Die Südseite der Kathedrale ist mit dem Lycée Fustel de Coulan-

ges, dem ehemaligen Jesuitenkolleg aus dem 18. Jh. verbunden. Hier stand im Mittelalter der Kreuzgang der Kleriker.

Besonders ausdrucksvoll ist der Skulpturenschmuck des **südlichen Querhausportals G**. Er ist Maria als Namenspatronin der Kirche gewidmet und zeigt in zwei Reliefs ihren Tod und ihre Krönung. Die

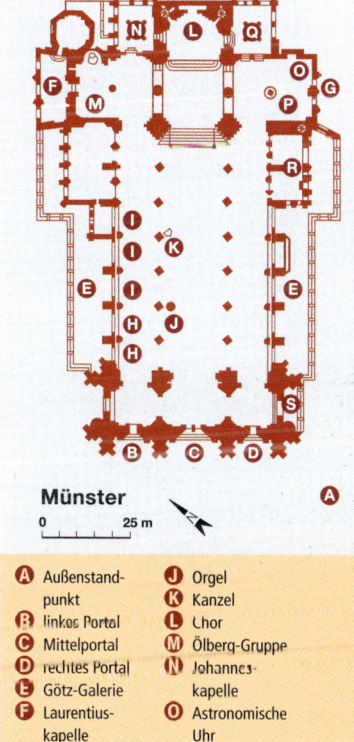

Münster

0 ———— 25 m

A Außenstand-punkt	**J** Orgel
B linkes Portal	**K** Kanzel
C Mittelportal	**L** Chor
D rechtes Portal	**M** Ölberg-Gruppe
E Götz-Galerie	**N** Johannes-kapelle
F Laurentius-kapelle	**O** Astronomische Uhr
G südliches Quer-hausportal	**P** Engelspfeiler
H Kaiserfenster spätes 12. Jh.	**Q** Andreaskapelle
I Kaiserfenster Mitte 13. Jh.	**R** Katharinen-kapelle
	S Aufstieg zur Aussichtsplattform

Das Münster wurde aus rosa Vogesensandstein erbaut, den die Sonne

 Echt gut! fein gearbeiteten Figuren der **Ecclesia und der Synagoge** sind Kopien (Originale im benachbarten Museum der Bauhütte › S. 68). Zwischen ihnen thront der weise Salomon (moderne Nachbildung). Er steht thematisch mit dem Engelspfeiler im Inneren des Münsters in Zusammenhang und mit der mittelalterlichen Funktion des Platzes: Hier leitete der Bischof die Gerichtssitzungen.

Öffnungszeiten

■ **Münster:** tgl. 7–11.20 und 12.35–19 Uhr, keine Besichtigung während Gottesdiensten und Konzerten (Termine und Zeiten: www.cathedrale-strasbourg.fr).

Messen: So 8, 9.30, 11 und 18.30, Mo–Fr 7.30 und 8.50 Uhr, Mi auch 18.30, Sa 8 und 8.50 Uhr; in den Sommerferien Anfang Juli bis Ende August gibt es leichte Abweichungen.

■ **Astronomische Uhr:** Vorführung 12.30 Uhr, Kartenverkauf 9–11.30 Uhr am Postkartenstand innen im Münster und 11.20 bis 12.20 Uhr am Portal des Südquerhauses außen; Eintritt 2 €.

■ **Münsterturm:** April–Sept. tgl. 9–19.15, Juli Fr u. Sa bis 21.45, 1.–15. Aug. Fr und Sa bis 20.45, 16.–31. Aug. Fr und Sa bis 19.45, Okt.–März tgl. 10–17.15 Uhr; 4,60 €, jeden 1. So im Monat gratis.

zum Leuchten bringt

Innenraum

So viel äußere Prachtentfaltung macht neugierig auf das Innenleben der Kathedrale. Am eindrucksvollsten präsentiert sich das Münster, wenn man es durch das Westportal betritt. Sofort ist man von mystischem Dämmerlicht umfangen. Dank der vielen original erhaltenen Scheiben vermittelt die Kirche noch ungefähr einen Eindruck der ursprünglichen Lichtverhältnisse.

Im Vergleich zum mittelalterlichen Treiben ist der heutige Trubel im Münster harmlos: Händler durften ihre Waren hier lagern, lärmende Versammlungen wurden abgehalten, und sogar Prostituierte boten im Schutz des Dämmerlichtes ihre Dienste an.

Das Münster ist dreischiffig und besitzt wie alle klassischen französischen Kathedralen einen dreigeschossigen Wandaufriss: Spitzbogenarkaden trennen es von den beiden Seitenschiffen, darüber öffnet sich das lichte Triforium (ein Wandelgang), darüber sind die Fenster des Obergadens angeordnet. Ein Kreuzrippengewölbe überspannt das Mittelschiff. Bündelsäulen fangen den Druck ab, vertikale Dienste steigen bis zum Gewölbeansatz empor und lassen die Kirche noch höher erscheinen. Der romanische Chor bildet mit seinen großen Wandflächen und der Betonung der Horizontalen einen Kontrast zum gotischen Schiff.

Berühmt ist das Münster für seine Buntglasfenster verschiedener Epochen. Sie gehen bis ins 12. Jh. zurück, die älteste ist ein Engel in der Apsis der Krypta. Am bekanntesten sind die **Kaiserfenster ❶** › S. 50. Die Kaiser des Römischen Reiches Deutscher Nation sind in reiche Gewänder in leuchtenden Farben gehüllt. Die frühesten Fenster aus diesem Zyklus sind im nördlichen Seitenschiff zu finden. Sie entstanden um 1200 und erhielten später gotische Rahmungen. Die drei sich Richtung Chor anschließenden **Darstellungen des Kaisers ❶** entstanden während des Baus des Langhauses (um 1275) und im 14. Jh. Erhalten blieb auch der größte Teil der gotischen Fenster im Hochschiff. Wer ein paar

Echt gut!

65

Schritte in Richtung Chor geht und sich dann umdreht, kann die großartige Rosette des Westwerks erleben: Wie im Kaleidoskop schimmert ihr Bild in Grün, Gelb und Rot. Das Glas ihrer Fenster ist 1845 nach einem Schaden durch Hagelschlag getreu den Originalen erneuert worden.

Das Mittelschiff birgt weitere Prachtstücke: die Orgel und die Kanzel. Das Gehäuse der **Orgel** wurde im 15. Jh. angefertigt. Samson auf dem Löwen ziert den Unterbau; beide tragen eine wilde Mähne. Das mächtige Klangwerk hat ursprünglich Andreas Silbermann angefertigt, 300 der insgesamt 3000 Orgelpfeifen stammen noch von dem berühmten Meister. **Die regelmäßig stattfindenden Orgelkonzerte im Münster sind ein Genuss** (Termine als Aushang an den Münsterportalen).

Echt gut!

Die spätgotische **Kanzel** schuf 1485 der Baumeister Hans Hammer für den Prediger Geiler von Kaysersberg › S. 52. Es dauerte zwei Jahre, bis das Werk aus weißem Sandstein vollendet war.

Die individuell gestalteten Figuren stellen zumeist biblische, aber auch zeitgenössische Personen dar. Auch der Hund, der Geiler von Kaysersberg stets bellend in die Kirche nachgelaufen sein soll, ist an der Kanzel verewigt.

Nun gelangt man in den älteren Teil des Münsters, **den Chor** aus dem ausgehenden 12. Jh. Die Bemalung der Apsis aus dem 19. Jh. wurde 1995 restauriert und erinnert mit ihrem Goldgrund an byzantinische Mosaike. Das zentrale Fenster stiftete 1956 der Europarat. Der Künstler Max Ingrand verwies mit dieser Maria – sie hat die Arme ausgebreitet, das Kind auf ihrem Schoß hält eine Lilie – auf das historische Banner Straßburgs.

Im nördlichen Querhaus steht eine **Ölberg-Gruppe** . Auf den Knien betet Christus zu Gott, die erhobenen Hände gefaltet. Doch hinter dem Zaun drängen schon seine Häscher – mit mittelalterlichen Waffen ausgestattet – heran. Judas ist an dem Beutel mit den Silberlingen zu erkennen. Das Werk von 1498 wird Veit Wagner zugeschrieben. Es kam von seinem ursprünglichen Standort in St-Thomas › S. 84 ins Münster.

Auch die **Johanneskapelle** weist Kunstwerke von hohem Rang auf. Die 1466 geschaffene Grabplatte des Domherrn Konrad von Busnang wird Nikolaus Gerhaert von Leyden zugeschrieben. Der Künstler stellt dem starren Bild des Toten eine Mariengestalt mit lebendig bewegtem Christuskind gegenüber.

Detail der Ölberg-Gruppe

Astronomische Uhr

Ein Wunderwerk der Mechanik ist die Astronomische Uhr aus dem 16. Jh. im Südquerhaus. Nachdem sie 1780 stehengeblieben war, erneuerte Jean-Baptiste Schwilgué das Uhrwerk zwischen 1838 und 1842. Die Zifferblätter zeigen von oben nach unten die Mondphasen, das kopernikanische Planetarium mit den Tierkreiszeichen, die örtliche und die mitteleuropäische Zeit sowie den Jahreskalender an. Der für die damalige Zeit erstaunlich komplexe Kalenderteil stellt die Schaltjahre, die beweglichen Feste, Sonnen- und Mondgleichungen usw. dar. Im 16. Jh. war statt der Sonne die Erde im Mittelpunkt des Tierkreises zu sehen. Die Kirche akzeptierte das heliozentrische Weltbild damals noch nicht. Die Uhrmacher fügten sich, doch ließen sie ein Bild des Kopernikus als mittleres der Porträts anbringen. Damit demonstrierten sie gewitzt, dass ihnen der damalige Stand der Wissenschaft durchaus bekannt war.

Jeden Mittag um 12.30 Uhr setzt sich die raffinierte Mechanik in Bewegung: Der Tod als Skelett schlägt mit einem Knochen die Stunde. Die Apostel ziehen an Christus vorbei, der sie segnet. Währenddessen schlägt ein Hahn mit den Flügeln und kräht dreimal. Zur Viertelstunde schlägt dann ein Engel die Glocke und eine von vier Figuren tritt hervor, welche die Lebensalter darstellen: Kind, Jüngling, Erwachsener und Greis.

Ein spannend zu betrachtendes Schauspiel – wenn man es denn betrachten kann, denn wenn es beginnt, drängt sich in der Kathedrale eine riesige Menschenmenge. Um einen Stehplatz mit guter Sicht zu ergattern, muss man sich mindestens 30 Min. vor Beginn der Vorführung einstellen. Ungestörter und aus größerer Nähe kann man die Uhr am Vormittag oder Nachmittag zu den Viertelstunden betrachten – hier treten zwar nur der Engel mit der Glocke und die Lebensalter in Aktion, doch ist auch der Andrang entsprechend geringer.

Das Gewölbe des Südquerhauses wird durch den **Engelspfeiler P** gestützt. Seine auf drei Ebenen angeordneten zwölf Figuren stellen auf ungewöhnliche Weise das Jüngste Gericht dar – nicht mit großem Figurenaufgebot Schrecken verbreitend, sondern konzentriert auf die wichtigsten Personen, die zudem eine tröstliche Sanftheit und Milde ausstrahlen. Unten künden die Evangelisten den Jüngsten Tag an, darüber erwecken Engel mit Posaunenschall die Toten, und ganz oben sitzt Christus auf dem Richterstuhl. Die Engel zu seinen Seiten tragen die Leidenswerkzeuge. Die Figuren wurden gegen 1230 an dem bereits fertiggestellten Pfeiler angebracht.

Ein Mann stützt sich bequem auf die Balustrade der Sängertribüne über der romanischen **Andreaskapelle O** und scheint sich den Engelspfeiler anzuschauen: Man vermutet in der Figur ein Selbstporträt des Bildhauers Nikolaus von Hagenau.

Die **Katharinenkapelle R** im rechten Seitenschiff birgt Steinfiguren der hl. Katharina und der hl. Elisabeth, die einem Bettler eine Gabe reicht. Wie die Apostelfenster sind sie Werke des 14. Jhs.

Münsterturm

Eine andere Perspektive auf das Münster und die Stadt bietet die Plattform des unvollendeten Turms. An der Südwestecke führt eine Wendeltreppe S mit 332 Stufen in 66 m Höhe hinauf. Durch die schmalen Fenster sieht man zuerst nur wenig. Oben aber breitet sich **ein grandioser Panoramablick über ganz Straßburg aus:** Graurote Dächer, Reihen von Dachgauben, hochgemauerte Kamine und schräge Treppengiebel, bei klarer Sicht reicht der Blick bis zur Bergkette der Vogesen. Von der Plattform aus kann man auch den vollendeten Nordturm besser betrachten. Elegante Wendeltreppen flankieren ihn bis zum Beginn der luftig-leichten Pyramide, die seit Anfang 2003 restauriert wird. Erst im 19. Jh. wurde die Idee, auch den zweiten Turm fertigzustellen, endgültig aufgegeben.

Buch-Tipp **Das Münster Notre-Dame zu Straßburg. Ein Weg der Erkenntnis.** Edition du Signe. Neben kunsthistorischen Texten sind Auszüge aus den Predigten Geilers von Kaysersberg abgedruckt (erhältlich u.a. im Münster).

5 ****Musée de l'Œuvre Notre-Dame** 2

Die im Münster gewonnenen Eindrücke lassen sich im Museum der Bauhütte vertiefen, zu dessen bedeutender Sammlung oberrheinischer Kunst des 11.–17. Jhs. auch viele originale Münsterskulpturen und -bauteile gehören. Sehenswert ist allein schon die Architektur: Der linke Flügel mit dem schlichten Treppengiebel wurde 1347 errichtet, das Nachbarhaus mit dem verzierten Volutengiebel stammt aus dem 16. Jh. Weiterhin gehören die alte Stiftsbäckerei und ein Fachwerkhaus, das früher südlich der Illkais stand und hier wieder aufgebaut wurde, zu dem

Skulpturen vom Münster im Musée de l'Œuvre Notre-Dame

verschachtelten Komplex mit seinen Holzgalerien und idyllischen Innenhöfen. Im Hof neben dem Gasthaus wurde ein gotisches Gärtchen nach Vorbildern aus dem 13. Jh. angelegt. Das Zusammenspiel von alter Bausubstanz, teilweise originaler Inneneinrichtung und den ausgestellten Kunstwerken verleiht dem Museum eine sehr dichte Atmosphäre.

Der ehemalige **Sitzungssaal der Maurer und Steinmetze** ❯ S. 51 besitzt noch seine originale Decke, die zum einen Teil aus einem Netzgewölbe, zum anderen aus Holzbalken besteht. Hier sind die **Skulpturen vom Laurentiusportal** des Münsters ❯ S. 63 ausgestellt. Weitere Räume beherbergen u.a. die berühmten Statuen der **Ecclesia** und der **Synagoge** sowie der **Törichten Jungfrauen** samt **Verführer.** Fragmente blieben vom gotischen **Lettner** erhalten, der im 17. Jh. bei der Wiederein-

führung des katholischen Kultes in der Kathedrale abgebrochen wurde. Einzigartige Dokumente runden das Bild des Münsters ab: **die berühmten Baurisse, Handzeichnungen verschiedener Münsterbaumeister** mit Entwürfen zur Westfassade und zum Turm. Sie entstanden zwischen 1275 und dem frühen 16. Jh.

Zu den Schätzen der **Skulpturensammlung** gehören die Werke des Niederländers Nikolaus Gerhaert von Leyden, darunter eine Büste, bei der es sich vermutlich um ein Selbstbildnis handelt. Für die **Tafelmalerei** des 15. Jhs. steht Konrad Witz, zu dessen Hauptwerken »Die Heiligen Katharina und Maria Magdalena« zählt. Die folgende Epoche repräsentiert Hans Baldung Grien, der fast sein ganzes Leben in Straßburg verbrachte. Aus seinen Werken ragt das ausdrucksvolle Porträt des Kanonikers Ambrosius Volmar

Keller hervor. Studien des Lichts sind die allegorischen Stillleben des Straßburger Künstlers Sebastian Stoskopff. Er arrangierte Gläser und goldene Pokale in Körben, um dann ihr Blitzen und Funkeln meisterlich auf die Leinwand zu bannen.

Viel Liebe zum Detail ließ man bei der Präsentation der **Glasmalerei** walten: Die Scheiben sind von hinten beleuchtet, so dass selbst zarteste Linien zur Geltung kommen. Einen Höhepunkt bilden hier die Werke des Meisters Peter Hemmel von Andlau.

Möbel, Tapisserien, kostbare Gläser, Goldschmiedearbeiten, Holzskulpturen und Elfenbeinschnitzereien runden den Eindruck von der Entwicklung der Kunst und des Kunsthandwerks in Straßburg und am Oberrhein ab (Di–Fr 12–18, Sa, So 10–18 Uhr, www.musees-strasbourg.org. Die Münsterbauhütte, die nach wie vor für die Instandhaltung der Kathedrale verantwortlich ist, stellt sich auf der Webseite www.oeuvre-notre-dame.org vor).

Pharmacie du Cerf 3

Das Fachwerkhaus an der Ecke Place de la Cathédrale/Rue Mercière beherbergte bis zum Jahr 2000 Frankreichs älteste Apotheke, die schon seit 1268 bestehende Hirschapotheke. Das heutige Gebäude mit dem steilen Dach stammt aus dem 16. Jh. Den Schaufensterbogen zieren Drachen und anderes Getier. Im Inneren informiert die Boutique Culture über Kulturevents aller

Art, auch ein 14-tägiger Veranstaltungskalender und Tickets sind hier erhältlich (Di–Sa 12–19 Uhr, Tel. 03 88 23 84 65).

*Maison Kammerzell 4

Ein weiteres bauliches Kleinod am Münsterplatz ist die Maison Kammerzell, ein Meisterwerk des Fachwerkbaus. Das steinerne Erdgeschoss wurde 1467 errichtet, die reich verzierten Obergeschosse stammen aus dem 16. Jh. ==Kunstvolle Schnitzereien an den Fenstern und Eckpfosten== symbolisieren u.a. die Tierkreiszeichen, die Menschenalter und die christlichen Tugenden. Die Mauerflächen zwischen den Holzbalken sind mit gelb-rotem Rankenwerk bemalt.

Restaurant

Das Fachwerkhaus beherbergt heute das Restaurant Maison Kammerzell, 16, pl. de la Cathédrale, Tel. 03 88 32 42 14, www.maison-kammerzell.com; ●●, dem Butzenscheiben und Wandmalereien aus dem 19. Jh. Atmosphäre verleihen. Serviert werden raffinierte Varianten der regionalen Küche, z.B. Choucroute mit Fisch. Unbedingt einen Fensterplatz mit Blick auf das Münster reservieren!

Rue du Dôme und Rue des Frères

An der Nordseite des Münsters verläuft die Rue des Frères. Hier kann man wunderbar shoppen und genießen. In die historischen Fachwerkhäuser der Altstadtstraße wurden große Schaufenster gebrochen, die mit modischen

Fachwerkjuwel am Münsterplatz: die Maison Kammerzell

Accessoires und Designerschick, traditionellem Kunsthandwerk (u.a. Keramik, Textilien, Korbwaren) und Delikatessen zum Kauf verführen. **Eine Reihe besonders attraktiver Geschäfte** hat sich rund um die Ecke Rue des Frères/Rue du Dôme angesiedelt.

Shopping

Uhren und ausgefallenen Schmuck nach eigenen Entwürfen findet man bei Le Tiroir à Bijoux, 16, rue du Dôme, www.tiroirabijoux.com, ausgewählte Herrenmode auch für Jugendliche und Kinder bei Father and Sons, 20, rue du Dôme. Die Poterie d'Alsace, 3, rue des Frères
> S. 36, bietet Keramik aus den Töpferdörfern Soufflenheim und Betschdorf.

Rue des Juifs 5

Die betriebsame Geschäftsstraße mit ihren prächtigen Fassaden war im Mittelalter ein Zentrum jüdischen Lebens. Viele Handwerker, Kaufleute und Geldwechsler gingen hier ihrem Gewerbe nach. Im Haus Nr. 30 war die **Synagoge** mit einer Schule untergebracht, Haus Nr. 19 beherbergte eine **Mikwe**, ein rituelles jüdisches Tauchbad. Nach dem Pogrom von 1349 > S. 46 mussten die Juden jeden Abend nach getaner Arbeit die Stadt verlassen, daran erinnert noch heute die Judenglocke, die um 22 Uhr vom Münster läutet. Erst nach der französischen Revolution erhielten die Straßburger Juden wieder die Bürgerrechte und kehrten in die Stadt zurück.

Bis 1789 errichteten Adlige in der Straße mehrere repräsentative Stadtpaläste wie die Häuser Nr. 11 und Nr. 27. Ein sehenswertes Palais steht auch in der südlich abzweigenden Rue des Pucelles. Hier überragt ein hoher Treppengiebel von 1550 die Häuser. Er gehört zum mehrfach umgebauten **Fürstenberger Hof.**

*Place St-Etienne 6

Echt gut!

Verträumt wirkt dieser hübsche Altstadtwinkel. Am Brunnen unter dem alten Baum steht der »Meiselocker«: Ein Junge aus Bronze lockt mit seiner kleinen Pfeife die Vögel an. Die umstehenden Fachwerkhäuser mit den geschnitzten Balken sind typisch für den Straßburger Renaissancestil. Die Kirche **St-Etienne,** die im Mittelalter zu einem Frauenkloster gehörte, wurde nach erheblichen Zerstörungen im Zweiten Weltkrieg 1961 neu erbaut. Ihr Inneres birgt kostbare Bildteppiche, die im 15. Jh. in der klostereigenen Weberei gefertigt wurden, sowie eine Beweinung Christi vom einstigen Fronaltar des Münsters, den Nikolaus von Hagenau um 1501 schuf.

Nightlife

Im Haus Nr. 1 hat sich eine gemütliche Café-Bar eingerichtet, die zwei- bis dreimal wöchentlich Livemusik oder Auftritte angesagter DJs bietet: **Le Zanzib'Art, Tel. 03 88 36 66 18.**

*Place du Marché Gayot 7

Der Weg von der Place St-Etienne zum Place du Marché Gayot führt über die Rue de Frères. Hier und in der Rue des Sœurs, die im Osten an den Platz angrenzt, haben die Geschäfte noch die alten Holzfassaden um die Schaufenster. Viele Häuser beherbergen Bars und Clubs, in denen die Straßburger Jugend sich gern für den Abend verabredet. Enge, leicht zu übersehende Durchgänge führen von beiden Straßen auf den bezaubernden kleinen Marktplatz, dessen kopfsteingepflastertes Karree von Häusern aus drei Jahrhunderten gesäumt wird. **Mehrere kleine Lokale, die auch Tische im Freien aufstellen, laden hier zu einer Pause ein.**

Echt gut!

Restaurants

■ Die kleine Weinbar **Le Cornichon Masqué** wird besonders von der Kulturszene frequentiert. Berühmt sind die fabelhaften Sandwiches und Snacks wie warmer Ziegenkäse mit Feigen auf gegrilltem Toast (**Nr. 17, Tel. 03 88 25 11 34,** Di–Sa 12–14 und 19–23 Uhr, ●●).

■ **La Korrygane** offeriert Crêpes und bretonische Buchweizen-Galettes, aber auch exotische Gerichte aus fernen Ländern (**Nr. 12, Tel. 03 88 37 07 34,** mittags und 19–1 Uhr, ●●).

Rue des Écrivains 8

Zurück zum Münster gelangt man über die Rue des Écrivains. Hier steht der **Andlauer Hof,** den der Bischof für die Stiftsdamen der Abtei Andlau erbauen ließ. Die lange, schlichte Fassade gehört dem **Lycée Fustel de Coulanges;** an diesem Gymnasium werden seit einiger Zeit auch elsässische Sprache und Kultur unterrichtet. An der Einmündung der Rue de la Râpe in die Rue des Ecrivains steht das **Cagliostro-Haus,** dessen Rokokoportal in der sachlichen Umgebung umso verspielter wirkt. Hier lebte 1780–1783 Giuseppe Balsamo, ein Hochstapler und Alchemist, der unter dem Namen Graf Cagliostro in die Geschichte einging.

– ❶ –

Münsterviertel

1 Cathédrale Notre Dame / Münster
2 Musée de l'Œuvre Notre-Dame
3 Pharmacie du Cerf
4 Maison Kammerzell
5 Rue des Juifs
6 Place St-Etienne
7 Place du Marché Gayot
8 Rue des Écrivains

– ❷ –

Zwischen Münster und Gerberviertel

9 Palais Rohan
10 Pont Ste-Madeleine
11 Place du Marché aux Poissons
12 Place du Marché aux Cochons de Lait
13 Grande Boucherie
14 Wohnhaus Goethes
15 Ancienne Douane

Special

Einkaufstipps für Genießer

In Straßburg kann man nicht nur hervorragend tafeln und Wein genießen, sondern auch nach Herzenslust einkaufen › S. 36. Das Vergnügen ist umso größer, als in der elsässischen Metropole vieles angeboten wird, was östlich des Rheins nur schwer zu finden ist. Wer sich auskennt, shoppt hier und da sogar preisgünstiger als zu Hause (generelle Öffnungszeiten der Geschäfte › S. 139).

Delikatessen

6 Gleich nördlich der Kathedrale, in der Rue des Orfèvres (Goldschmiedgasse) und ihrer Umgebung residieren die Könige des guten Geschmacks, was man leicht an den verführerischen Schaufensterauslagen der renommiertesten Feinkostgeschäfte und der besten Konditoreien des Elsass erkennen kann.

■ **La Boutique d'Antoine Westermann**
1, rue des Orfèvres
Tel. 03 88 22 56 45
Der in Ruhestand getretene Drei-Sterne-Koch Antoine Westermann › S. 30 bietet Fleisch- und Wurstwaren sowie Gerichte zum Mitnehmen an, die höchsten Ansprüchen genügen.

■ **La Boutique du Gourmet**
26, rue des Orfèvres
Tel. 03 88 32 00 04
Hervorragende Weine, Schnäpse und Liköre sowie feinste Gänseleberpastete nach altem Familienrezept.

■ **Boucherie Frick Lutz**
16, rue des Orfèvres
Tel. 03 88 32 60 60
Hier geht alles über den Verkaufstresen, was an Fleisch- und Wurstwaren gut und teuer ist.

■ **Fromagerie au Vieux Gourmet**
3, rue des Orfèvres
Tel. 03 88 32 71 20

Das kleine Geschäft öffnet die Tür
in den französischen Käsehimmel.

■ **Pâtisserie Christian**
12, rue de l'Outre
Tel. 03 88 32 04 41
www.christian.fr.
Was hier aus Schokolade, Sahne, kan-
dierten Früchten, Eiscrème, Nüssen und
exotischen Aromen geschaffen wird,
sind Kunstwerke, die man sich kaum zu
essen getraut. Zum Geschäft gehört
eine kleine Teestube.

■ **Pâtisserie Naegel**
9, rue des Orfèvres
Tel. 03 88 32 82 86
Ein Schlaraffenland voller himmlischer
handgefertigter Pralinen.

Haute Couture und Kunsthandwerk

■ **Hermès**
2, rue de la Mésange
Tel. 03 88 3239 91
Die handbedruckten Seidentücher und
Ledertaschen sind begehrte Klassiker.

■ **Marlène Pour**
1 bis, rue de l'Outre
Tel. 03 88 22 04 37
Ausgewählte Modelle aus den aktuellen
Kollektionen der führenden namhaften
Modeschöpfer.

■ **Arts et Collections d'Alsace**
4, pl. du Marché aux Poissons
Tel. 03 88 14 03 77
Hier findet man elsässisches Kunst-
handwerk aller Art: Leinen, Töpfer- und
Korbwaren, die typischen hohen Gläser
für den Elsässerwein, Kinderspielzeug,
Schreinerware etc.

■ **Faïencerle à la Petite France**
33, rue du Bain aux Plantes
Tel. 03 88 32 33 69
Seit 1910 in diesem Fachwerkhaus;
große Auswahl an handgemachter alter

und neuer Keramik sowie Porzellan-
arbeiten aus ganz Frankreich.

■ **Marché aux livres**
Rue Gutenberg und
Rue des Hallebardes
Di, Mi und Sa 9–18 Uhr
Auf diesem Bücherflohmarkt stapeln
sich historische Postkarten, Plakate aus
der guten alten Zeit sowie gebrauchte
und neue Bücher zu allen Themen- und
Wissensgebieten.

Tipps für Preisbewusste

Eine Studie der Verbraucherberatung
Euro-Info fand im deutsch-elsässi-
schen Preisvergleich Interessantes
heraus: Grundnahrungsmittel sind in
Deutschland zwar meist günstiger,
aber bei Kaffee, Lammfleisch, Fisch
und Mineralwasser kann man im
Elsass sparen. Ebenfalls billiger sind
Aspirintabletten, manche Kosmetika
und TV-Apparate. Ein besonderer
Preishit: Kraftstoff an den Tankstellen
großer Supermärkte.
Euro-Info
77694 Kehl][**Rehfusplatz 11**
Tel. 0 78 51/99 14 80
www.euroinfo-kehl.com

Zwischen Münster und Gerberviertel

– ❷ – **Palais Rohan** ❭ **Place du Marché aux Poissons und Cochons de Lait** ❭ **Rue du Maroquin** ❭ **Grande Boucherie** ❭ **Rue du Vieux Marché aux Poissons** ❭ **Rue des Tonneliers** ❭ **Ancienne Douane**

Distanz/Dauer: 1,5 km, 1 Std. (ohne Museumsbesuche)
Praktische Hinweise: Je nach Lage des Hotels können die Haltestellen Langstross/Grand' Rue bzw. Porte de l'Hôpital als Ausgangs- und Endpunkt für diese Tour dienen. Am Ende bieten sich das nahe Gerberviertel oder bei umgekehrter Gehrichtung die Place du Marché Gayot für eine Pause bei einer Tasse Kaffee oder einem Imbiss an. Achtung: Die Museen haben werktags am Vormittag geschlossen. Am Samstag sollte man sich Zeit für Marktbesuche nehmen ❭ S. 37.

Palais Rohan 🎏

Die ehemalige Residenz der Fürstbischöfe von Straßburg liegt zwischen dem Münster und der Ill und lässt sich ohne weiteres mit einem Schloss vergleichen. Bauherr war der Kardinal Gaston-Armand de Rohan-Soubise, Spross einer einflussreichen Adelsfamilie. Von 1704 bis zur Revolution stellte sie ohne Unterbrechung die Bischöfe der Stadt. Noblesse oblige, folglich musste alles vom Feinsten sein: Der Architekt des Königs, Robert de Cotte, wurde für den Entwurf der Residenz verpflichtet, Joseph Massol für die Ausführung. 1732 begannen die umfangreichen Bauarbeiten. Zehn Jahre später besaß Straßburg ein prächtiges Hôtel (Stadtpalast), ganz im Stil der Hauptstadt, der man zunehmend nacheiferte. Der Palais Rohan wurde Vorbild für andere Bauwerke der Region.

Die Hauptfassade zum Fluss hin ist klar gegliedert: Vier korinthische Säulen tragen den dreieckigen Giebel, an seinen Seiten springt die Fassade leicht vor. Das mit ovalen Fenstern, Kaminen und einer Kuppel gestaltete Dach lockert die sonst strenge Fassade auf. Die schmiedeeisernen Balkone und die Schlusssteine der Fensterfassungen in Form von Masken sind Schmuckelemente. Hinter den hohen Fenstertüren der ersten Etage liegen die fürstbischöflichen Repräsentationsräume, die Grands Appartements.

Die Chambre du Roi ist besonders prunkvoll ausgestattet. Kostbare Gobelins mit Szenen aus dem Leben des römischen Kaisers Konstantin zieren die Wände, sie wurden im 17. Jh. nach Kartons von Peter Paul Rubens gewebt. Zwei Spiegel mit Rokokorahmen vergrößern optisch noch den Raum. Die Kopie des Prunkbetts glänzt in rotem Damast. Als Schlafzimmer wurde das Gemach nicht genutzt; dem französischen Hofzeremoniell entsprechend hielt

Napoleon Bonaparte hier seine offiziellen Morgenempfänge ab.

Durch weitere prächtige Zimmerfluchten gelangt man in die Bibliothek. Die Bücher werden in Mahagonischränken aus dem 18. Jh. aufbewahrt. An den Wänden hängen weitere Gobelins aus dem Konstantin-Zyklus. Die Porträts der Könige Louis XIV. und Louis XV. sind moderne Kopien der berühmten Gemälde von Hyacinthe Rigaud, dem bedeutendsten Porträtisten des Ancien Régime. Als Staatsporträts hingen sie seinerzeit in allen Schlössern Frankreichs.

Heute sind im Palais Rohan drei Museen untergebracht, das Archäologische Museum, das Museum für Kunsthandwerk und das Kunstmuseum. Sie besitzen durchweg hochkarätige Sammlungen, wobei die Präsentation

In diesem Himmelbett schlief auch Napoleon

Rauschende Bälle

Rauschende Bälle fanden in den Prunksälen des Palais Rohan statt: 1744 war Louis XV. zu Gast. Auf dem Weg von Wien nach Paris zu ihrer Hochzeit mit dem französischen Kronprinzen übernachtete 1770 Marie-Antoinette in diesen Gemächern. Die Bürger dieser Stadt bereiteten ihrer zukünftigen Königin einen begeisterten Empfang. Später hielt sich Napoleon Bonaparte an der Ill auf, und noch immer bot das Palais den passenden Rahmen für majestätische Empfänge: Gold und Kristall, Stuck und Marmor sorgten für ein Übermaß an Luxus.

der Bedeutung der Exponate leider nicht gerecht wird. Wegen der mangelhaften museumspädagogischen Aufbereitung erschließen sich die Ausstellungen Laien vorwiegend über den ästhetischen Aspekt (alle drei Museen: Mo und Mi–Fr 12–18, Sa, So 10–18 Uhr, www.musees-strasbourg.org).

Musée Archéologique

Im Kellergeschoss des Schlosses fristet das Archäologische Museum ein vernachlässigtes Dasein: Vom Stoßzahn eines Mammuts bis zum Fürstengrab reichen seine umfangreichen Bestände, die ein Bild der Geschichte des Elsass von der Steinzeit bis in den Zeitraum um 800 n. Chr. entwerfen. Für kaum eine andere Region Frankreichs ist diese Zeit so ausführlich dokumentiert. Zu den ältesten Exponaten aus der Frühgeschichte gehören Steinwerkzeuge wie Faustkeile und Schaber; Dolche, Lanzenspitzen und Schwerter lassen den Stand der technischen Entwicklung in der Eisenzeit erkennen. Von der keltischen Besiedlung zeugen Beigaben aus einem Fürstengrab, neben Waffen und Goldschmuck auch aus Griechenland importiertes Bronzegeschirr. Zum römischen Nachlass zählen Zeugnisse der Wohnkultur, Grabstelen und Votivsteine, darunter die berühmten Mithrasreliefs aus Mackwiller und Koenigshoffen bei Straßburg. Prunkstücke aus der merowingischen Epoche sind der Helm eines Kriegers aus dem 7. Jh. und ein silberner Brustharnisch, der in einem alemannischen Fürstengrab bei Ittenheim entdeckt wurde. Gedanken darüber, was Archäologen künftiger Generationen freilegen werden, hat sich der 1938 in Straßburg-Neudorf geborene Künstler Raymond Waydelich ❯ S. 55 gemacht. In einer Vitrine legte er unverwüstliche Relikte der heutigen Zeit aus wie Blechteile, Brillengestelle und einen Katalysator.

Musée des Arts Décoratifs

Das Museum für Kunsthandwerk, das auch die fürstbischöflichen Räume umfasst, ist ein Paradies für Keramik- und Porzellanliebhaber. Charles-François Hannong gründete 1721 seine Fayence-Manufaktur mit Werkstätten in Straßburg und Haguenau. Unter ihren Erzeugnissen finden sich **ausgefallene Terrinen etwa in der Form eines Wildschweinkopfes oder einer Melone.** Das Tafelgeschirr zieren nicht nur die Hannong-typischen Rosen, sondern auch geflammte Tulpen oder Erdbeerranken mit roten Früchten. In den letzten Jahren ihres Bestehens – 1781 musste Joseph Hannong, der Enkel des Firmengründers, die Arbeit einstellen – produzierte die Manufaktur auch Porzellan. Die Kollektionen von Zinngeschirr und Möbeln, kostbare Goldschmiedearbeiten und die Musikinstrumente zeugen von der Schaffenskraft des Straßburger Kunsthandwerks im 18. Jh.

Den Saal der Uhren und Astronomie hat Théodore Ungerer, Ingenieur und Konstrukteur Astronomischer Uhren, begründet. Zu den interessantesten Stücken gehören **Originalteile der ersten Astronomischen Uhr des Münsters.** Ein automatischer Hahn, gefertigt aus Holz und Eisen, sieht mit seinem wilden Kamm und den langen Federn an Schwanz und Flügeln einer modernen Eisenskulptur ähnlich.

Der Straßburger Künstler Tomi Ungerer ❯ S. 54 sammelte über Jahre hinweg mechanisches Blechspielzeug. Er wolle damit animieren und inspirieren, bemerkte er zu der Kollektion, die er dem Museum großzügig übereignete. Ein Teil der Exponate ist nun im neuen Centre de l'Illustration Tomi Ungerer ❯ S. 117 zu sehen.

Karte
Seite 73

Das Musée des Arts Décoratifs präsentiert seine Kostbarkeiten im passenden Rahmen

Musée des Beaux-Arts

Das Kunstmuseum im 1. Obergeschoss des Palastes spannt einen Bogen vom späten Mittelalter bis zum 19. Jh. Seine in chronologischer Ordnung präsentierte Gemäldesammlung umfasst italienische, spanische, flämische und französische Maler. Giotto, Botticelli, El Greco, Rubens und Goya sind nur einige der großen Meister. Die heraufdämmernde Moderne repräsentieren Delacroix, Corot und Courbet. Stark vertreten sind Stillleben vorwiegend aus dem 17. und 18. Jh. Ein Publikumsmagnet ist Nicolas de Largillières Bild »La belle Strasbourgeoise« von 1703, jene Dame, die so selbstbewusst unter ihrem ausladenden Hut hervorlächelt. »Die schöne Straßburgerin« nimmt natürlich einen Ehrenplatz ein.

Pont Ste-Madeleine 10

Über die Terrasse des Palais Rohan gelangt man vorbei an der Anlegestelle der Ausflugsboote > S. 18 zum Pont Ste-Madeleine. An dieser Stelle befand sich vermutlich schon zur Römerzeit ein Illübergang. Von der Brücke bietet sich ein **besonders schöner Blick auf die ehemalige Residenz der Fürstbischöfe.** Die Straßenlaternen und das verschnörkelte Eisengeländer verleihen der Brücke nostalgischen Charme.

Echt gut!

Kaffeepause vor historischer Kulisse auf dem malerischen Ferkelmarkt

Fischmarkt ⑪ und Ferkelmarkt ⑫

Nur wenige Schritte vom Palais Rohan entfernt erstrecken sich zwei **von historischen Fachwerk- und Renaissancehäusern gesäumte Marktplätze** entlang der Ill. Ihre Namen verraten, was dort einst gehandelt wurde: **Place du Marché aux Poissons** (Fischmarkt) und **Place du Marché aux Cochons de Lait** (Ferkelmarkt). Am Samstag finden auf den Plätzen und in den umliegenden Gassen verschiedene Märkte statt ❯ S. 37. Von hier bis zur Place des Tripiers (*tripes* = franz. für Innereien) erstreckte sich einst der Marktbereich der Stadt Straßburg, begründet durch die Lage an der Ill und den damals üblichen Warentransport auf dem Wasser.

❯ S. 37.

Restaurant

Pfifferbriader, 9, pl. du Marché aux Cochons de Lait, Tel. 03 88 32 15 43, ●●. Bei dem Gebäude, das die rustikale Winstub beherbergt, handelt es sich um die letzte erhaltene jener mittelalterlichen Verkaufsbuden, die einst das Schlachthaus ❯ S. 81 umstanden.

❯ S. 81

Shopping

Arts et Collections d'Alsace, 4, pl. du Marché aux Poissons, verkauft in elsässischen Betrieben handgefertigte Heimtextilien, Keramik und geschliffenes Glas ❯ Special S. 75.

❯ Special S. 75.

Rue du Maroquin

Einen Abstecher lohnt die zum Münsterplatz zurückführende Rue du Maroquin mit ihren malerischen Fassaden. Zwischen den Holzbalken von Haus Nr. 9 leuchten fast schon modern anmutende Muster in Mint und Bleu. Aus dem 16. Jh. stammen die Schnitzereien des auffallend schief stehenden Hauses Nr. 29. Damals hämmerten die Schuster in dieser Straße, die nie ein stilles Plätzchen gewesen ist. Auf sie spielt auch der Name der Straße an: Maroquin ist die Bezeichnung für ein hochwertiges, u.a. zur Schuhherstellung verwendetes Leder, das ursprünglich aus der Haut marokkanischer Ziegen gewonnen wurde.

Restaurant

Au Bon Vivant, **7, rue du Maroquin**, **Tel. 03 88 32 77 81**, ●●. Deftige elsässische Spezialitäten und Köstlichkeiten wie Entenbrust mit Schattenmorellen rechtfertigen den Namen dieses Lokals.

Grande Boucherie 🔢

Turbulent wie auf den nahen Marktplätzen ging es auch auf der Place de la Grande Boucherie zu. Die massiv gebaute Grande Boucherie (Große Metzig) diente fast drei Jahrhunderte als Schlachthaus und Verkaufshalle für Fleisch. Die halbrunden Torbögen des Gebäudes liegen zur Straße hin, über dem ersten Stock erhebt sich das steile Dach mit mehreren Reihen Dachgauben. In dem 1587 fertiggestellten Renaissancebau zeigt heute das Historische Museum seine vielfältigen Exponate zur Stadtgeschichte. **Besonders eindrucksvoll ist das 11 m × 7 m große Stadtmodell von 1727** (Juli–Sept. tgl. 10–18, sonst Di–Fr 12–18, Sa, So 10–18 Uhr, www.musees-strasbourg.org).

Die schönsten Fachwerkensembles

■ Straßburgs schönster Fachwerkbau ist ein Solitär: Die liebevoll restaurierte **Maison Kammerzell** ❯ S. 70 an der Place de la Cathédrale stiehlt mit ihrem überbordenden Schnitzschmuck an Fenstern und Eckpfosten sogar dem Münster die Schau.

■ Fachwerkbauten aus drei Jahrhunderten säumen die kopfsteingepflasterte **Place du Marché Gayot** ❯ S. 72. Im Schatten der Bäume haben mehrere Cafés und Restaurants ihre Tische aufgestellt.

■ Auf der verträumten **Place Ste-Etienne** ❯ S. 72 bildet Fachwerkarchitektur der Renaissance die Kulisse für den volkstümlichen »Meiselocker«-Brunnen. Besondere Schmuckstücke sind die Häuser Nr. 11 und Nr. 12.

■ Am bezaubernden **Ferkelmarkt** ❯ S. 80 ist die historische Fachwerkbebauung noch fast geschlossen erhalten; eines der Häuser besitzt im ersten und zweiten Stock sogar noch seine alten Holzgalerien.

■ In der schmalen **Rue des Tonneliers** ❯ S. 82 und ihren Seitengassen fühlt man sich in ein Handwerkerviertel des 16. Jhs. zurückversetzt, über den Türen findet man oft noch die alten Hauszeichen (z.B. am Haus Nr. 23 die Taube). Die Straße öffnet sich zur malerischen **Place des Tripiers** mit weiteren Fachwerkjuwelen.

■ Ihren absoluten Höhepunkt erreicht die Fachwerkromantik in der **Petite France** ❯ S. 85 – entlang der Rue du Bain aux Plantes und rund um die Place Benjamin Zix gleicht kein Haus dem anderen.

Rue du Vieux Marché aux Poissons

An der Place de la Grande Boucherie beginnt die Rue du Vieux Marché aux Poissons; hier wohnte hinter der Fachwerkfassade des **Hauses Nr. 36 ⓮** von 1770 bis 1771 der Student der Rechtswissenschaft Johann Wolfgang Goethe. Zwischen den braunen Holzbalken wurde ein Medaillon mit dem Porträt des Dichters angebracht. Den Mittagstisch nahm Goethe damals in einer kleinen Pension in der nahe gelegenen Rue de l'Aïl ein, in der sich noch heute einige Esslokale befinden. Hier lernte er u.a. Jakob Michael Reinhold Lenz kennen, den neben Goethe wichtigsten Dichter der Sturm-und-Drang-Periode.

Wenige Häuser weiter nördlich, in **Nr. 52,** kam 1886 der Bildhauer und Dichter Hans Arp ❯ S. 55 zur Welt. **Die hübsche Place des Tripiers mit ihren Holzbänken unter Kirschbäumen** bietet sich für eine Verschnaufpause an. Die Dächer der den Platz umgebenden Häuser sind teilweise vor Altersschwäche eingesackt.

Echt gut!

Shopping

Boutiquen der großen Couturiers verleihen der Rue du Vieux Marché aux Poissons mondänes Flair. Für exklusive Prêt-à-porter-Mode aus hochwertigen Materialien steht der Name **Georges Rech** (Nr. 52); Urbanität und schlichte Eleganz kennzeichnen die Mode des Spaniers **Adolfo Dominguez** (Nr. 32). **Oliver Grant** (Nr. 31) kreiert edellässige Business-Mode, besonders gefragt sind seine Hemden und Anzüge.

Aigle International (Nr. 26) vertreibt ausgewählte Topmarken für Sport- und Freizeitbekleidung. Lederwaren und Reisegepäck von führenden Herstellern sowie aus eigener Produktion bietet die Traditionsfirma **Gsell** (Nr. 20).

Ancienne Douane ⓯

Zurück zum Illufer geht es nun über die parallel verlaufende **Rue des Tonneliers,** die mit bunten Fahnen beflaggt ist. Sie tragen die Zeichen der Böttcher, nach denen das Sträßchen benannt ist. Schiefe Fachwerkgiebel neigen sich über die Gasse.

In der Rue de la Douane stößt man auf die schlichte Vorderseite des ehemaligen Zollgebäudes, der Ancienne Douane. Hinter ihren breiten Arkaden wurden im 14. Jh. die zollpflichtigen Güter gelagert. An der Wasserseite befand sich der Illhafen, der Lebensnerv der Stadt, die am Handel auf Ill und Rhein gut verdiente.

Restaurant

■ Spezialität von **La Cloche à Fromages,** 27, rue des Tonneliers, Tel. 03 88 23 13 19, ●—●●, sind Fleisch- und Fischgerichte mit Rohmilchkäse, der im Ladengeschäft vis-à-vis ❯ S. 37 auch verkauft wird. Blickfang des Lokals ist eine fast 2 m hohe und 800 kg schwere Käseglocke. Mo geschl.
■ Das ehemalige Zollgebäude beherbergt heute das Restaurant **Ancienne Douane,** auf dessen Speisekarte traditionelle Gerichte wie Sauerkraut und Baeckeoffe stehen. Von der hölzernen Terrasse genießt man einen schönen Blick über die Ill (6, rue de la Douane, Tel. 03 88 15 78 78, ●—●●).

Petite France

– ❸ – **Place Gutenberg ›**
St-Thomas › La Petite France ›
Ponts Couverts › Barrage Vau-
ban › Musée d'Art Moderne
et Contemporain › Grand'Rue

Distanz/Dauer: 3,5 km, 1,5 Std.
(ohne Museumsbesuche)
Praktische Hinweise: Start-
und Endpunkt der Tour ist die
Haltestelle Langstross/Grand'
Rue (Tram A und D). Man un-
ternimmt den Rundgang am
besten am späten Nachmittag
oder frühen Abend – gegen
Sonnenuntergang lässt das Gedränge in den Gassen nach
und das Gerberviertel präsentiert sich besonders stimmungs-
voll. Wer die Kirche St-Thomas
während eines Gottesdienstes
(die Zeiten sind am Portal angeschlagen) besucht, kommt
mit einiger Wahrscheinlichkeit
in den Genuss der berühmten
Silbermannorgel.

Place Gutenberg

Hochbetrieb herrscht auf dem
großzügig angelegten Platz, an
dem sich die Hauptachsen des
Zentrums kreuzen. 1840 setzte
die Stadt hier dem Meister der
Buchdruckerkunst ein Denkmal.
Johannes Gutenberg hatte ab 1434
einige Jahre in Straßburg an seiner Erfindung gearbeitet, ehe er
in seine Geburtsstadt Mainz zurückkehrte › S. 52. Nach der nicht
unumstrittenen Meinung einiger
Forscher soll Gutenberg in Straß-

burg 1440 die erste Druckerpresse
eingerichtet haben.

Dominiert wird der Platz von
der **Chambre de Commerce** 🔢,
einem eindrucksvollen Renaissancebau, der 1585 als Rathaus der
Freien Reichsstadt errichtet wurde. Typisch für den lokalen Bau-
stil ist das hohe steile Dach mit
den drei Reihen Fenstergauben.
Die Fassade durchbrechen auffallend große Fenster, getrennt von
ionischen und korinthischen Pi-
lastern. Während der Französischen Revolution gestürmt, ist das
Gebäude heute Sitz der Industrie-
und Handelskammer des Département Bas-Rhin.

Das Gutenbergdenkmal auf dem
gleichnamigen Platz

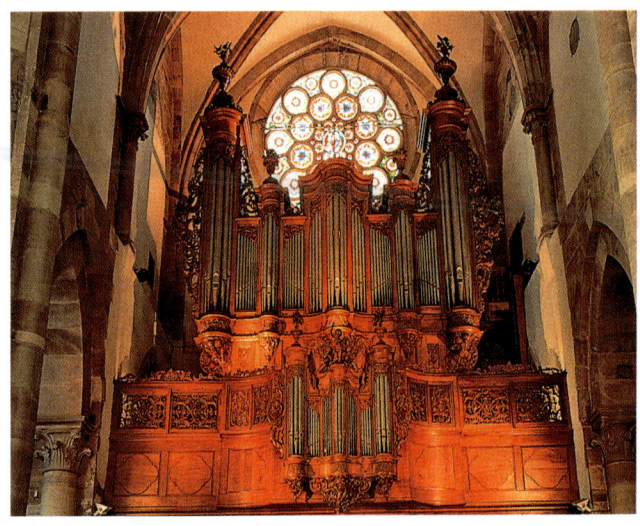

Zur Ausstattung von St-Thomas gehört auch eine Silbermannorgel

St-Thomas 17

Über die Rue des Serruriers gelangt man zur Thomaskirche: Die »Nummer zwei« der Straßburger Kirchen braucht sich hinter dem Münster nicht zu verstecken. Architektonisch ist das romanisch-gotische Gotteshaus zwar weniger spektakulär als die Kathedrale, sein Inneres birgt aber herausragende Kunstwerke, insbesondere Grabmäler. Der wuchtige Sandsteinbau wurde seit dem 13. Jh. immer wieder erweitert und aufgestockt. Über dem Westportal, dem ältesten noch erhaltenen Teil, erhebt sich der 40 m hohe Glockenturm. Noch höher ist der

Silbermannorgel

Musikliebhaber werden sich für den Klang der Orgel von St-Thomas begeistern. Der berühmte Orgelbauer Johann-Andreas Silbermann, dessen Familie im 18. Jh. aus dem Erzgebirge ins Elsass eingewandert war, fertigte das prachtvolle Instrument im Jahre 1741. Kein geringerer als Wolfgang Amadeus Mozart gab darauf ein Gastspiel. »Ich habe auf der hier besten Orgel von Silbermann öffentlich gespielt«, schrieb er seinem Vater und lobte die Klangfülle und Weichheit des Tons. Alljährlich am 28. Juli, dem Todestag von Johann Sebastian Bach, findet ein Konzert statt. Diese Tradition rief Albert Schweitzer bereits 1909 ins Leben, um Geld für sein Urwaldhospital im afrikanischen Lambarene zu sammeln. Die Termine der Kirchenkonzerte sind am Eingang angeschlagen, können aber auch beim Office de Tourisme erfragt werden.

achteckige Turm über der Vierung der fünfschiffigen Hallenkirche.

Im Innern wird der Blick vom **kolossalen Grabmal des Marschalls Moritz von Sachsen** angezogen. Auf Wunsch von König Louis XV. sollte dem siegreichen Feldherrn ein Denkmal gesetzt werden – den Auftrag bekam Jean-Baptiste Pigalle. Angesichts der enormen Dimension und der lebhaften Komposition verwundert es nicht, dass der königliche Bildhauer 23 Jahre an seinem Meisterwerk arbeitete. Der Generalfeldmarschall der französischen Armee steigt würdevoll zu seinem Grab hinab, während das personifizierte Frankreich ihn verzweifelt zurückzuhalten versucht. Der Tod hat bereits den Sargdeckel geöffnet. Moritz von Sachsen fiel nicht im Krieg, er starb 1750 an einer Lungenentzündung. Ursprünglich sollte er in der königlichen Grablege in St-Denis in Paris beigesetzt werden, doch schien der »Protestant, Ausländer und Bastard« im fernen Straßburg besser aufgehoben. Zur Aufstellung des Grabmals wurden 1777 die farbigen Chorfenster von St-Thomas zugemauert. Im Musée de l'Œuvre Notre-Dame › S. 68 sind einige der kostbaren Scheiben aus dem Jahr 1260 zu sehen.

Sehenswert ist weiterhin der **Sarkophag des Bischofs Adeloch,** der 820 die erste Thomaskirche aus Holz in Auftrag gegeben haben soll. Im 7. Jh. hatte der hl. Florentius aus Schottland an dieser Stelle ein Kloster gegründet. Mehrere Großbrände vernichte-

ten alle Relikte aus dieser frühen Zeit. Der jetzige Bau entstand zwischen dem 12. und 16. Jh.

Im Zuge der Reformation wurde St-Thomas im Jahre 1524 evangelisch. Nachdem Louis XIV. das Münster den Katholiken zurückgegeben hatte, überließ er St-Thomas den Lutheranern.

Das der Kirche benachbarte Thomasstift war bis zum Umzug in den Palais Universitaire Ende des 19. Jhs. Sitz der Hochschule von Straßburg, an der auch Goethe zeitweilig studierte. Heute ist hier das Evangelisch theologische Seminar untergebracht (Feb./ März und Nov./Dez. tgl. 10–12, 14–17, sonst bis 18 Uhr, So vormittag nur für Gottesdienstbesucher; im Jan. geschl.).

7 **Petite France

Weshalb der Besucherandrang im ehemaligen Viertel der Gerber und Müller so groß ist, wird spätestens **beim malerischen Blick vom Pont St-Martin aus** klar. Schon das Spiegelbild der blumengeschmückten Fachwerkhäuser im dunklen Wasser der Ill versetzt Fotoamateure in Entzücken. Ohne jede Einschränkung kann diese Ecke der Stadt mit ihren engen Gassen, verschachtelten Innenhöfen, hölzernen Galerien, alten Mühlen und Brücken als malerisch bezeichnet werden. Nicht zuletzt ist dies der Verdienst jener Denkmalpfleger, die sich für die Rekonstruktion der vorwiegend im 16. und 17. Jh. erbauten Häuser eingesetzt haben. Natürlich waren die Holzbauten ständig durch Feuer bedroht. Aus diesem Grund gab man ab dem 18. Jh. mehr und mehr dem Backstein als Baumaterial den Vorzug. Typisch für das Straßburger Fachwerk sind die geschnitzten Verzierungen, die Überhänge mit Galerien und die kleinen Erker. In den offenen Dachböden trockneten die Gerber Tierhäute.

Manche Häuser sind liebevoll verziert, so das **Haus des Gerbers Hans Schenk** (10, rue des Dentelles) mit kleinen Säulen an den Fenstern und Eierstabfriesen. Gegenüber stützen in der **Cour de Rathsamhausen** toskanische Säulen die Arkadengänge im ersten Stock, zu dem zwei Wendeltreppen hinaufführen. Im Keller des Hofs werden gelegentlich Weinproben angeboten. **Fachwerkschönheiten säumen auch die Rue du Bain aux Plantes,** die Schlagader der Petite France.

`Echt gut!`

Beim Bummel durch das für den Autoverkehr gesperrte Viertel landet fast jeder irgendwann auf der **Place Benjamin Zix 18**. Hauptattraktion am Platz ist die **Maison des Tanneurs.** Die 1572 erbaute Gerberstub mit dem verwinkelten Dach und der zweistöckigen Galerie zur Flussseite hin bildet ein beliebtes Fotomotiv.

■ Die Maison des Tanneurs beherbergt heute ein Restaurant, das vor allem für seine Sauerkrautgerichte bekannt ist. Von den Plätzen am Fenster genießt man einen schönen Blick auf die Ill (Tel. 03 88 32 79 70, www.maison-des-tanneurs.com, So, Mo geschl., ●●).

■ Im Restaurant Lohkäs, 25, rue du Bain aux Plantes, Tel. 03 88 32 05 26, So geschl., ●●, gehören Kalbsnieren in Senfsauce und Salat mit warmem Münsterkäse zu den Spezialitäten. An den Wänden reihen sich Flaschen mit elsässischem Eau de Vie.

Das ganze Jahr über Weihnachten ist bei Un Noël en Alsace, 10, rue des Dentelles. Das Angebot an Christbaumanhängern und Dekorationsartikeln reicht von Kitsch bis Kunst.

*Ponts Couverts 19 und Barrage Vauban 20

Früher sollen Musiker in den Ästen der jahrhundertealten Platanen gespielt haben, die am Quai de la Bruche nahe den **Ponts Couverts** stehen. Unter dem dichten Blätterdach stellen im Sommer drei Restaurants ihre Tische direkt am Wasser auf. Im Mittelalter wurde am Eintritt der Ill in das Stadtgebiet eine ausgeklügelte Verteidigungsanlage errichtet. Zu dieser gehörten die »Gedeckten Brücken«.

Die Übergänge über die Illarme bestanden ursprünglich aus Holz und waren überdacht, um das dort gelagerte Schießpulver vor Wind und Wetter zu schützen. Im 19. Jh. wurden sie erneuert, diesmal aus Stein und ohne Dächer. Die Öffnungen für die Kanonen sind noch in den Kaimauern zu erkennen. Erhalten blieben die trutzigen Wachtürme aus dem 13. Jh. Damit noch nicht genug: Im 17. Jh. ergänzte der Militärarchitekt des Sonnenkönigs, Mar-

Fachwerkarchitektur in Straßburg

Bei den Straßburger Fachwerkbauten sind süddeutsche Einflüsse unverkennbar.
Zur Zeit ihrer Erbauung gehörte die Stadt zum Deutschen Reich, die Zimmer-
leute kamen aus dem Oberrheingebiet. Bei französischen Fachwerkbauten, z.B.
in der Champagne oder der Normandie, sind die senkrechten Ständer dünner
und stehen dichter beieinander. In Süddeutschland verbreitete Fachwerkfiguren
wie das geschweifte Andreaskreuz sind hier unbekannt.

Die Fassaden entstanden durch die spezifische Technik des Holzbaus: Der
Zimmermann stellte zunächst ein Skelett aus stabilen Balken auf. Auf massiven,
waagerechten Schwellen wurden Pfosten oder Säulen angebracht. Ein Rahmen,
der die Deckenbalken trug, schloss das jeweilige Stockwerk ab. Schräg zwischen Rahmen und Schwellenkranz verlaufende Streben verliehen dem Gerüst
zusätzliche Festigkeit. Abschließend mussten die Zwischenräume zwischen den
Balken verfacht, d.h. mit nichttragendem Material gefüllt werden. Man ver-
wendete dazu eine Mischung aus Tierhaaren, Strohhäcksel und manchmal auch
Brocken von Vogesensandstein. Für die Fachwerkhäuser in der Petite France
mussten zudem die typischen Trockengalerien, die oft zur Ill hin ausgerichtet
waren, konstruiert werden. Unter den mit Biberschwanzziegeln gedeckten
Dächern lagen die Leder-Häute zum Trocknen aus. Nicht alle Galerien blieben
bei den Rekonstruktionsarbeiten erhalten.

Einige der ältesten und am besten erhaltenen Fachwerkhäuser Straßburgs
stehen im Münsterviertel, darunter schlichte Bürgerhäuser, aber auch aufwendig verzierte Gebäude wie die Maison Kammerzell. Selbst in Dörfern wie
Obernai sind die Balken der Häuser oft mit Schnitzereien verziert, als Motiv
besonders beliebt war naheliegenderweise die Weintraube. Der Begriff Fachwerk stammt übrigens aus dem Mittelhochdeutschen: »vach« bedeutet so viel
wie Flechtwerk oder Wandbalken

Echt gut! Postkartenreife Ansichten

■ Der Aufstieg zum **Münsterturm** ❯ S. 68 ist zwar schweißtreibend, doch oben angelangt, kann man vom Dächermeer der Altstadt bis zu den Hochhaustürmen der Peripherie die Phasen der Straßburger Stadtentwicklung nachvollziehen.

■ Wer im Restaurant der **Maison Kammerzell** ❯ S. 70 einen der begehrten Fensterplätze ergattert, genießt beim Speisen einen wirklich beeindruckenden Blick auf die Westfassade des Münsters.

■ Von der **Panoramaterrasse des Vauban-Wehrs** ❯ S. 88 bietet sich ein wunderschöner Blick auf die Fachwerkzeilen der Petite France, die Ponts Couverts und das Flüsschen Ill.

■ Die große Terrasse des Art Café im **Musée d'Art Moderne et Contemporain** ❯ S. 89 eröffnet ein Altstadtpanorama, das bei Sonnenuntergang oder bei nächtlicher Beleuchtung besonders reizvoll ist.

■ Das **Kaufhaus Printemps** an der Place de l'Homme de Fer (Ecke Rue de la Haute Montée/Rue du Noyer, Mo–Sa 9–19 Uhr) besitzt im 8. Stock ein Restaurant mit Terrasse. Hier kann man nach dem Pflastertreten bei einer Tasse Kaffee entspannen, während der Blick über das gesamte Stadtzentrum bis zum Münster schweift.

■ Am **Quai des Pêcheurs** ❯ S. 125 liegen zwei zu Café-Bars umfunktionierte ehemalige Schleppschiffe. Umspielt von leise gurgelndem Wasser schlürft man auf dem Deck seinen Kaffee mit Blick auf die imposante Kirche St-Paul bzw. den fachwerkgesäumten Illkai.

schall Vauban, die Befestigung durch eine massive Sperrmauer im Fluss. Mittels Falltüren in der **Barrage Vauban** konnte der Fluss abgeriegelt und Teile des Verteidigungsrings um die Stadt geflutet werden. All diese technischen Raffinessen boten jedoch im Deutsch-Französischen Krieg keinen ausreichenden Schutz: Während der Kämpfe von 1870/71 durchbrachen die preußischen Truppen den Abwehrriegel.

1967 wurde auf dem Dach des Vauban-Wehrs eine Aussichtsterrasse angelegt, zu der 60 Stufen hinaufführen. Hat man sie erklommen, bietet sich **ein bezaubernder Blick über La Petite France und die Innenstadt:** Auf den Illkanälen schwimmen Schwäne und dümpeln Schiffe, eingerahmt von den Ponts Couverts mit ihren drei Türmen. Dahinter schauen die fein herausgeputzten Fachwerkzeilen und die Kirchtürme von St-Thomas hervor. Über allem thront majestätisch das Münster. Am Nationalfeiertag im Juli, wenn über der Stadt unter Kanonendonner und Böllerschüssen ein riesiges Feuerwerk abbrennt, ist die Terrasse ein Logenplatz (tgl. 9–19.30 Uhr).

Restaurants

Am Quai de la Bruche nahe den Ponts Couverts gibt es unmittelbar neben dem romantischen Restaurant **Le Petit Bois Vert** ❯ S. 34 noch zwei weitere Restaurants mit schönen Terrassen zum Fluss hin: die in einem Fachwerkhaus untergebrachte **Taverne du Quai** (Nr. 5) und das **Au Fantassin** (Nr. 4).

Rodins »Denker« im Museum für moderne Kunst

Musée d'Art Moderne et Contemporain 21

Durch das Untergeschoss der Barrage Vauban erreicht man das linke Illufer, wo die staatliche Elitehochschule ENA › S. 47 1994 in das ehemalige Gefängnis einzog. Südwestlich davon wurde 1998 das Museum für moderne Kunst eröffnet, **ein avantgardistischer Bau des Pariser Architekten Adrien Fainsilber.** Die verglaste Galerie entlang der Ill, die an das Schiff einer gotischen Kathedrale erinnert, nimmt genauso wie der rötliche Granit der Ausstellungshallen Bezug auf das Münster.

Das Museum bietet 5000 m² Ausstellungsfläche. Die Exponate sollen einen chronologischen Überblick über die Entwicklung der Formen und Ideen von den Anfängen der Fotografie und dem frühen Impressionismus bis zur Gegenwart verschaffen.

Der moderne Teil beginnt um 1870 mit Gemälden des Straßburger Künstlers Gustav Doré. Vertreten sind weiterhin Monet, Gauguin, Rodin, Picasso, Max Ernst und Kandinsky. Eigene Räume wurden Hans Arp und seinem künstlerischen Umfeld gewidmet. Die Gegenwartskunst repräsentieren u.a. A. R. Penck, Jörg Immendorf, Markus Lüpertz und Georg Baselitz. Das graphische Kabinett, eine fotografische Sammlung und wechselnde Sonderausstellungen zeitgenössischer Kunst runden das Museumsprogramm ab (Di, Mi und Fr 12–19, Do 12–21, Sa, So 10–18 Uhr; www.musees-strasbourg.org).

Restaurant

Besonders am Abend genießt man von der Panoramaterrasse des **Art Café einen fantastischen Ausblick auf die angestrahlte Kulisse der Altstadt mit dem Münster.** Auf der Speisekarte des

Museumscafés finden sich nicht nur leckere Zitronentarte oder köstlicher Schokoladenkuchen, sondern auch Gerichte, die nach Künstlern benannt und originell angerichtet werden (**1, pl. Hans-Jean Arp**, Tel. 03 88 22 18 88, Di–Sa 11–22, So 10–12 Uhr, ●●).

Grand'Rue 22

Über den Quai de la Petite France und eine alte Drehbrücke, den **Pont du Faisan**, gelangt man durch die Petite France zurück in den Stadtkern. Er wird in Ost-West-Richtung von der Grand'Rue

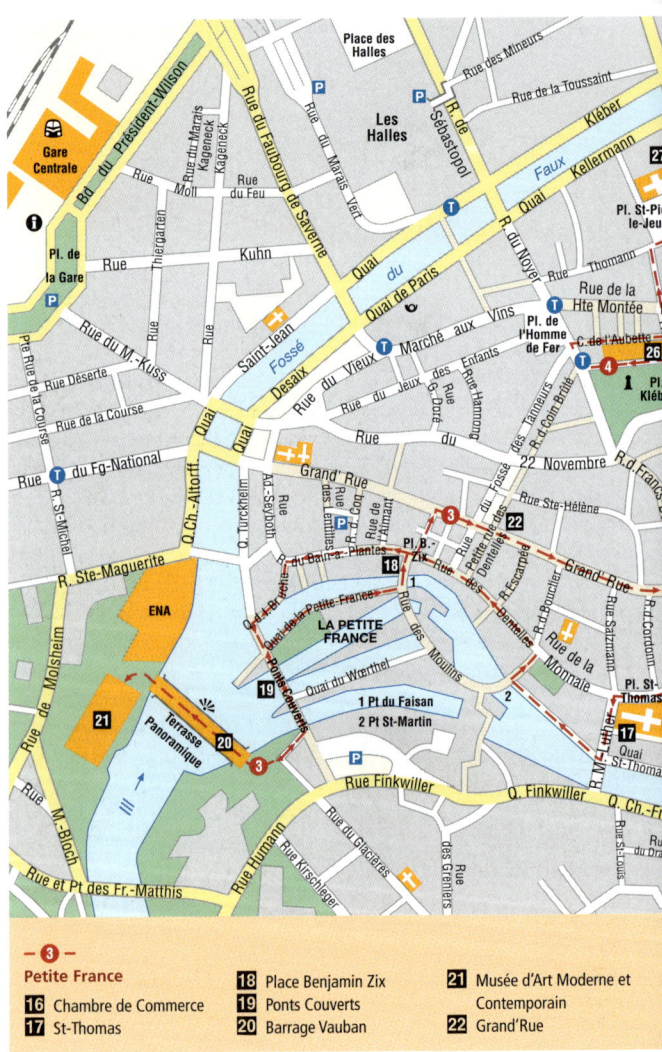

durchquert, heute eine Fußgängerzone. Die »Langstross« ist einer der ältesten Wege Straßburgs. Zur Römerzeit führte sie direkt ins Castrum. Inzwischen sind arabische Lokale ins mittelalterliche Fachwerk, schicke Boutiquen hinter klassizistische Fassaden und Feinkostläden unter schmiedeeiserne Balkone eingezogen. **Zwischen Döner, Dessous und Trödel herrscht beinahe Basaratmosphäre.** Viele Nordafrikaner betreiben hier ihre Geschäfte.

Echt gut!

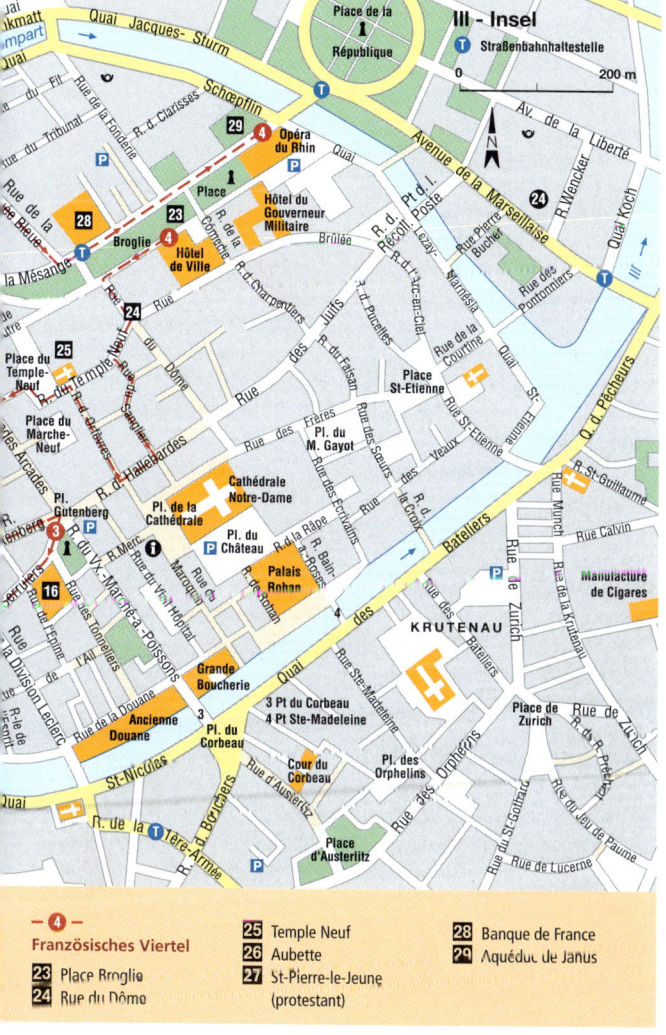

Der Weg durch die Grand'Rue führt vorbei an Häusern unterschiedlicher Bauepochen: Vom Mittelalter über die Renaissance bis zum 19. Jh. spiegeln die Fassaden der Wohn- und Gewerbebauten den jeweils typischen Stil ihrer Zeit wider. Es lohnt sich, einen Blick in die Seitengassen, Passagen und Innenhöfe zu werfen. In dem schmalen Durchgang von Nr. 49 gibt es zwei aufwendige Fachwerktreppenhäuser mit Balustraden zu entdecken.

Barock und monumental wirkt der **Hof des Händlers Ferrier** von 1790 (Nr. 79). Klassizistische Kunstschmiedearbeiten schmücken die hohen Fenster. Straßburger Rokoko zeigen die Häuser **Zum Bock** (Nr. 96) und **Zu den Geißen** (Nr. 98). Im Patrizierhaus Nr. 120 aus dem 16. Jh. wohnten reiche Bankiers- und Kaufmannsfamilien. Das Bürgerhaus gegenüber (Nr. 101) mit Treppengiebel und Erker stammt aus dem Jahr 1587.

Restaurant

Salon de Thé Grand'Rue, Nr. 80, Tel. 03 88 32 12 70. Familiäre Teestube mit Wohnzimmeratmosphäre und köstlichen hausgemachten Kuchen.

Shopping

Süßschnäbel lockt bestimmt **Glup's** (Nr. 71) mit seinem bunten zuckrigen Naschwerk. **Compagnie des Petits** (Nr. 107) bietet farbenfrohe, unkomplizierte Kindermode, **L'Œillade** (Nr. 116) Spielzeug und Dekoratives fürs Kinderzimmer. Coole Streetwear mit passenden Schuhen und Accessoires findet man bei **Goodvibes** (Nr. 66).

Französisches Viertel

– ❹ – **Place Broglie** › **Rue du Dôme** › **Rue des Orfèvres** › **Rue des Grandes Arcades** › **Place Kléber** › **Place de l'Homme de Fer** › **St-Pierre-le-Jeune (protestant)** › **Banque de France** › **Aquéduc de Janus**

Distanz/Dauer: 3,5 km, 2 Std. (ohne Museumsbesuche)
Praktische Hinweise: Start- und Endpunkt der Tour ist die Tramhaltestelle Place Broglie (Tram B und C). Jeden Mittwoch und Freitag findet auf der Place Broglie ein Wochenmarkt › S. 37 statt, im Dezember ein stimmungsvoller Weihnachtsmarkt › S. 97. Auf dem Markt oder in den Delikatessengeschäften der Rue des Orfèvres kann man sich einem Gourmetimbiss besorgen und diesen am Ende der Tour im Kreuzgang von St-Pierre-le-Jeune oder am Janusbrunnen in aller Ruhe verzehren.

*Place Broglie ㉓

Die Place Broglie diente früher als Turnier- und Paradeplatz sowie als Pferdemarkt. Heute finden zwischen den Platanenreihen ein bunter Wochenmarkt und der Weihnachtsmarkt im Dezember statt. Sein heutiges Aussehen erhielt der lang gestreckte Platz im Jahr 1740, als Marschall Broglie, damals Gouverneur des Elsass, ihn zu einer Promenade umgestalten und mit Bäumen bepflanzen ließ. Repräsentative Stadtpaläste in einer Mischung aus Louis XV.-Stil und Straßburger Bautraditionen flankieren ihn.

Die größeren Gebäude liegen mit ihrer Gartenseite an der Place Broglie, die Hauptfassaden öffnen sich zum Hof und grenzen an die umliegenden Straßen.

*Hôtel de Ville

So präsentiert auch das Rathaus dem Platz seine Rückfront mit nur zurückhaltendem Baudekor. Robert de Cotte (Palais Rohan) und Joseph Massol entwarfen das Palais 1731 für den Grafen von Hanau-Lichtenberg, der im Elsass Ländereien besaß. Von 1805 bis 1976 waren hier Teile der Stadtverwaltung untergebracht. In den Repräsentationsräumen der Beletage empfängt der Bürgermeister heute offizielle Gäste.

Die Prachtseite des Alten Rathauses in der Rue Brûlée Nr. 9 erinnert an den Palais Rohan. Den

Platanen auf der Place Broglie

repräsentativen Mittelbau flankieren zwei Pavillons, rote Fensterfassungen heben sich von den weißen Mauern ab. Faungesichter schmücken die Galerie. Die Eingänge zu den luxuriös ausgestatteten Sälen für offizielle Empfänge liegen zum Hof hin. Diese Räume sind nur an Tagen der offenen Tür zu besichtigen (Termine beim Office Tourisme ❯ S. 139).

Hôtels nach Pariser Vorbild

Als Straßburg 1681 vor der Armee des Sonnenkönigs kapitulierte und seine Herrschaft offiziell anerkannte, verlor es seinen Status als Freie Reichsstadt. Nach und nach setzte sich im Lauf der folgenden Jahre der französische Zentralismus durch. Straßburg wurde zur Provinzhauptstadt des Elsass, gewann jedoch dank seiner grenznahen Lage an militärischer Bedeutung. Würdenträger und Adelige aus betuchten Familien Frankreichs ließen sich hier nieder. Sie brachten ihre Kultur und Lebensart mit in die neue Ostprovinz. Abzulesen ist dies noch heute an der Architektur. Hôtels wurden nach dem damals zeitgenössischen Vorbild in der Metropole, herrschaftliche Gebäude in prächtigem Rokoko errichtet. Neben dem altersschiefen Fachwerk in der Petite France entstand nun ein wirklich französisch geprägtes Viertel zwischen dem Munster, der Place Broglie und der Place Kléber.

Hôtel du Gouverneur Militaire

Unspektakulär, doch mit Eleganz präsentiert sich der Verwaltungssitz, auch Hôtel des Deux Ponts (Zweibrücker Hof) genannt. Dieses jüngste Stadtpalais aus dem 18. Jh. ist heute Sitz des Militärgouverneurs. An der Hauptfassade in der Rue Brûlée Nr. 13 wurde nicht mit schmückenden Details gespart. Der Wittelsbacher Herzog Maximilian von Zweibrücken erwarb das Hôtel 1771. Hier wurde sein Sohn, der spätere König Ludwig I. von Bayern geboren.

Opéra du Rhin

Die neoklassizistische Fassade der Oper schließt die Stirnseite des Platzes im Osten ab. Sechs Musen bekrönen die Kolonnade, deren Säulen elegante Volutenkapitelle tragen. Das ursprünglich von Stadtarchitekt Villot errichtete Theater wurde von 1872–75 nach einem Brand neu aufgebaut und 1888 erweitert. Rund 1400 Musikfreunde finden nun in dem sehr festlich wirkenden Haus Platz (Spielplan › S. 39; Kurzentschlossene können an der Theaterkasse Mo–Fr 11–18, Sa bis 16 Uhr und 1 Std. vor Vorstellungsbeginn noch Eintrittskarten erwerben).

Der hohe **Obelisk** vor der Oper erinnert an Général Leclerc. Unter seinem Kommando befreite eine französische Panzerdivision Straßburg im November 1944 von den Deutschen. Von der Terrasse des Operncafés › S. 34 bietet sich ein schöner Blick auf den Platz.

Restaurants

■ Im Café Broglie kann man vor dem Rundgang frühstücken und dabei an Wochenmarkttagen (Mi, Fr) dem geschäftigen Treiben der Händler und Käufer zusehen (1, rue du Dôme, Tel. 03 88 32 08 08, tgl. 7.30–22 Uhr, So geschl.).

Die Marseillaise

Schon die Generalprobe im Freundeskreis in der Nacht vom 24. zum 25. April 1792 an der Place Broglie, kurz nach der Kriegserklärung an Österreich, begeisterte angeblich die Zuhörer. Zum Einsatz kam das Kampflied am 30. Juli 1792, als ein Freiwilligenbataillon aus Marseille zur Unterstützung der Revolution singend in Paris einmarschierte – daher der Name »Marseillaise«. Es hatte zunächst den Titel »Chant de guerre pour l'armée du Rhin« (Kriegslied für die Rheinarmee), und war dem Oberbefehlshaber und Gouverneur von Straßburg Graf Luckner gewidmet. Daher ertönt es täglich um 12.05 Uhr vom Glockenspiel auf dem Marktplatz in Cham in der Oberpfalz, dem Geburtsort des Grafen. Schon früh erhoben sich nationalistische Stimmen, die die Urheberschaft des französischen Stabsoffiziers Claude Joseph Rouget de Lisle für die Marseillaise bestritten; man schrieb das Lied einem deutschen Komponisten oder alter deutscher Überlieferung zu. Diese Behauptungen konnten jedoch überzeugend widerlegt werden – die Marseillaise ist und bleibt französisch!

Festlicher Rahmen für musikalische Höhenflüge: die Opéra du Rhin

■ Die Rathausangestellten speisen gern in der Winstub **La Petite Mairie**. Das Lokal ist recht klein, die Auswahl auf der Speisekarte dafür umso größer (**8, rue Brûlée, Tel. 03 88 32 83 06,** Mo–Fr 12–14, 18–23 Uhr; ●●●).

Rue du Dôme 24

Von der Place Broglie zweigt in südlicher Richtung die Rue du Dôme ab, die nicht nur als Einkaufsmeile › S. 71, sondern auch architektonisch interessant ist. Einige der herrschaftlichen Häuser aus dem 18. Jh., die reichen Händlern, Goldschmieden und Baumeistern gehörten, wurden inzwischen restauriert. Die Fassaden der Häuser Nr. 17 und Nr. 18 repräsentieren das Straßburger Rokoko. Von jedem der sehr hohen Fenster blickt ein in Stein gemeißeltes Gesicht hinab, verschnörkelte Eisengeländer zieren Fensterbänke und Balkone. Das Haus Nr. 8 hat der Architekt des Bischofs, der Pariser François Pinot, 1791 für einen Domherrn gebaut.

Rue des Orfèvres

Wer weiter dem Kaufrausch frönen möchte, biegt von der Rue du Dôme sofort wieder rechts in die Rue du Temple Neuf und von dort nach links in die Rue du Sanglier ab, läuft weiter bis zur Rue des Hallebardes (die es sich auf der gesamten Länge anzuschauen lohnt) und schwenkt von dort nach rechts in die Rue des Orfèvres ein. **In dieser Umgebung konzentrieren sich Feinkostläden und Konditoreien** › Special S. 74, aber auch Geschäfte für elegante Designermode, Antiquitäten und Wohnaccessoires.

Echt gut!

Shopping

In den Vitrinen der Confiserie **Au Doux Pays de France, 5, rue du Dôme** sind **Trüffel, Pralinen und hausgemachte Schokoladen verlockend präsentiert.** Edles Porzellan, ziselierte Weingläser, Besteck und andere schöne Dinge für Tisch und Tafel findet man bei **Husser, 6–8, rue des Hallebardes.**
Etam Lingerie, 17, rue des Hallesbardes, führt spitzenbesetzte Dessous und hinreißende Nachtwäsche.

Temple Neuf 25

Der Weg zur Place Kléber führt zunächst über die Place du Temple Neuf. Die neuromanische Kirche Temple Neuf wurde 1876 errichtet, nachdem der gotische Vorgängerbau im Krieg 1870 abgebrannt war. Als das Münster wieder katholisch wurde, erhielten die Protestanten dann diese Kirche als Hauptkirche.

Rue des Grandes Arcades

Von hier gelangt man in wenigen Schritten zur Rue des Grandes Arcades, die mit der parallel verlaufenden Rue des Francs-Bourgeois und den Gassen dazwischen ein **beliebtes Einkaufsviertel mit Kaufhäusern, Boutiquen, Buchhandlungen, Kinos und Eiscafés** bildet. Im Rahmen der Bauarbeiten für die Straßenbahn wurde das alte Viertel umgestaltet. Beim Schaufensterbummel in der Rue des Grandes Arcades entdeckt man aber noch einige der früher verbreiteten, namengebenden Laubengänge, die Passanten vor Wind und Wetter schützen.

Restaurant

Nur wenige Schritte sind es von der Rue des Grandes Arcades in die Rue de l'Outre zum bekannten Nobelrestaurant **Au Crocodile** › S. 30.

Shopping

Mit **Promod** (Nr. 59–61) und **Kookaï** (Nr. 63) sind in der Rue des Grandes Arcades zwei der führenden französischen Mode-Filialisten vertreten.

Place Kléber

Der weitläufige Platz und die umgebenden Bauten wurden in der ersten Hälfte des 18. Jhs. nach Pariser Vorbildern angelegt. Einsam ragt auf der Platzmitte die **Statue von Jean-Baptiste Kléber** empor. Der 1753 in Straßburg geborene General begleitete Napoleon Bonaparte auf dessen Ägyptenfeldzug. 1800 wurde er in Kairo erdolcht. Die Straßburger benannten den Hauptplatz der Stadt nach »ihrem« General, dessen Grab sich unter dem Denkmal befindet.

An der Nordseite erstreckt sich die nach Plänen von François Blondel errichtete ***Aubette** 26. Der königliche Baumeister und bedeutende Architekturtheoretiker hatte für Straßburg einen Bebauungsplan entworfen, dessen Realisierung das Bild der Stadt total verändert hätte. Ausgeführt wurde aber 1766/67 nur die Aubette, die als Hauptwache von Straßburg fungierte. Nach einem Brand 1870 wurde die Aubette gründlich renoviert und diente fortan als Konservatorium, woran die Medaillons deutscher Komponisten an der Front erinnern. 1928 baute

Straßburger Weihnachtszauber

9 Wer hätte das gedacht: Den Tannenbaum, Inbegriff deutscher Weihnachtsseligkeit, sollen die Elsässer erfunden haben! Und nicht nur das, schon seit Jahrhunderten veranstalten sie Weihnachtsmärkte, und der rechts vom Rhein so beliebte Glühwein wärmt auch linksrheinisch als *Vin chaud* nicht nur die Herzen. Angefangen hat alles im Mittelalter. Damals pflegte man am Abend vor Weihnachten vor der Kirche das Schauspiel »Die Vertreibung aus dem Paradies« aufzuführen. Die Rolle des Baums mit dem verhängnisvollen Apfel übernahm eine Tanne, die um diese Jahreszeit dekorativer war als kahle Obstbäume. So war schon ab 1539 der Verkauf von Tannen als Weihnachtsbäume in Straßburg ein Geschäft. Mit der Zeit genügten einfache Äpfel nicht mehr als Schmuck. Es kamen Rosen aus Papier und Hostien, später dann Gebäck dazu. Nach einer elsässischen Legende waren Äpfel im Winter 1850 Mangelware. Da hatten die Glasbläser aus Meisenthal eine zündende Idee: Statt Äpfeln sollten Kugeln aus Glas die Bäume schmücken.

Zur Adventszeit befindet sich die Stadt in einem Weihnachtsrausch. Der Duft von Zimt und gebrannten Mandeln zieht über die Plätze mit den Weihnachtsmärkten. An der **Place de la Cathédrale** ❯ S. 60 drängen sich die Buden dicht um das Münster. In Reih und Glied stehen die Stände auf der **Place Broglie** ❯ S. 92, dem größten Markt mit reichem Angebot an Christbaumschmuck, Spielsachen, Süßigkeiten, Glühwein und natürlich Tannenbäumen. Fast jedes Stadtviertel hat sein eigenes Weihnachtsprogramm. Lebende Krippen mit Eseln und Schafen sind die Attraktion in kleinen Innenhöfen und Parks. Eine hohe Tanne aus den Vogesen taucht die **Place Kléber** ❯ S. 96 in weihnachtliches Licht. Für Kinder gibt's Schokoladenrundfahrten auf der Ill.

Termine und das ausführliche Weihnachtsprogramm sind beim Office de Tourisme ❯ S. 139 zu erfahren.

man sie zu einem Vergnügungskomplex mit Café, Restaurant, Ciné-Dancing und Festsaal um. Mit der Ausgestaltung wurden Hans Arp und Sophie Taeuber-Arp beauftragt. Sie zogen den befreundeten Maler und Architekten Theo van Doesburg mit hinzu und konzipierten die Aubette als **abstraktes Raumkunstwerk im Stil des Konstruktivismus;** nirgendwo wurden die ästhetischen Prinzipien der Künstlerbewegung De Stijl konsequenter umgesetzt. Doch dem Publikum war das Dekor zu avantgardistisch, so wurde es schon kurz nach der Einweihung 1928 in weiten Teilen verändert und zerstört bzw. überdeckt.

Nach einer ersten Teilrestaurierung, bei der 1994 das Ciné-Dancing wiederhergestellt wurde, ließ die Stadt Straßburg 2001–2006 die Treppe, die Foyer-Bar und den Großen Festsaal rekonstruieren. Im Rahmen der Ausstellung »Art is Arp« wurde die Aubette 2008 der Öffentlichkeit zugänglich gemacht (Do und Sa 14–17 Uhr, Eintritt frei).

Echt gut!

Großer Festsaal der Aubette

Shopping

Im Südwesten der Place Kléber verführt das Nobelkaufhaus **Galeries Lafayette, 34, rue du 22 Novembre,** mit schicker Mode, Lederwaren, Parfüm und Kosmetika.

Place de l'Homme de Fer

Nordwestlich der Place Kléber liegt die Place de l'Homme de Fer. Am Haus Nr. 2 prangt der namengebende »Eiserne Mann«, eine Figur in einer mittelalterlichen Ritterrüstung. Sie war um 1750 das Firmenschild des dort ansässigen Waffenhändlers.

Ein Großteil des Platzes wird von einer **modernen kreisrunden Konstruktion aus Stahl und Plexiglas** überspannt, bei der es sich um eine Straßenbahnhaltestelle handelt. Kommt dann die futuristisch designte Tram angefahren, scheint die Idee einer autofreien Stadt mit umweltfreundlichem öffentlichem Nahverkehrssystem gar nicht mehr so rein utopisch.

Echt gut

Wer sich einen Überblick über das Stadtzentrum verschaffen will, steigt hinauf auf die Terrasse des **Kaufhauses Printemps** an der Place de l'Homme de Fer (Ecke Rue de la Haute Montée/Rue du Noyer, Mo–Sa 9–20 Uhr).

Shopping

Nur eine Trambahnstation (Linien A und D) nördlich der Place de l'Homme de Fer versammelt das moderne Shoppingcenter **Les Halles** mehr als 110 Einzelhandelsgeschäfte und 8 Restaurants (**www.placedeshalles.com,** Mo–Sa 9–20 Uhr).

*St-Pierre-le-Jeune (protestant) 27

Als ein verschachteltes Durcheinander von Dächern, Türmchen, Giebeln und Maßwerk präsentiert sich dieses sehenswerte Gotteshaus, das einen ruhenden Pol inmitten des turbulenten Viertels bildet. St-Pierre blickt auf eine lange Baugeschichte zurück. Unter dem südlichen Seitenschiff hat man eine merowingische Gruft mit Bestattungsnischen und Grabtrögen gefunden. Im 11. Jh. wurde über den alten Grundmauern ein Chorherrenstift errichtet, das Papst Leo IX. (aus dem Grafengeschlecht von Dagsburg-Eguisheim im Elsass stammend) 1053 weihte. Aus dieser frühromanischen Epoche sind noch Reste wie das Untergeschoss des Turms erhalten.

Zwischen 1220 und 1230 begann man mit der Errichtung einer vierschiffigen Pfeilerbasilika, noch im selben Jahrhundert kam der Chor hinzu. Dann wurde die Südseite zur Hauptfront umgestaltet. Leider gingen die Originale des Hauptportals verloren. Die Statuen sind nur vage den alten nachempfunden. Wer genauer hinsieht, kann feststellen, dass etliche Skulpturen des Münsters, Ecclesia und Synagoge ❭ S. 64 etwa, bei der Restaurierung im 19. Jh. Vorbild waren.

Im Laufe der Zeit wurden fünf zusätzliche Kapellen angefügt. Die erste davon war die **Johanneskapelle** von Wilhelm von Marburg um 1360, ihr folgten die **Zornkapelle**, die u.a. das Grab des Ritters Andreas Zorn birgt (die Zorns

Altargemälde in der Kirche St-Pierre-le-Jeune

waren eine der beiden mächtigen Straßburger Familien, die im Mittelalter die Geschicke der Freien Stadt lenkten), und die **Nikolauskapelle.** Die **Dreifaltigkeitskapelle** entstand unter der Leitung von Hans Hammer, der zuvor die grandiose Kanzel des Münsters geschaffen hatte. Erst bei der umfassenden Restaurierung des ganzen Baus im 19. Jh. richtete man die **Engelskapelle** ein. Die gotischen Wandmalereien aus dem 13./ 14. Jh. wurden dabei so stark verändert, dass die originalen Teile kaum noch auszumachen sind. Eine Ausnahme bildet der »Zug der Nationen zum Kreuz«.

Zu den Prunkstücken der protestantischen Jung-St-Peter-Kir-

Karte
Seite 90

Der spätgotische Lettner in St-Pierre-le-Jeune

che zählt der spätgotische **Lettner,** der in katholischen Kirchen die heiligen Handlungen der Priester vor der Blicken der Laien abschirmte. Fünf zierliche Bögen tragen ein rot, blau und goldfarben gefasstes Gewölbe. An die Außenwand hat Hans Jakob Engelhardt 1620 die vier Evangelisten mit ihren Symbolen gemalt.

Eine Silbermannorgel aus dem Jahr 1707 thront über einer Galerie. Sie wurde im 20. Jh. mehrfach vergrößert und erneuert und verdient daher im Grunde kaum mehr ihren Namen. Dennoch ist ein Orgelkonzert ein Erlebnis (Termine am Eingangsportal).

Der Kreuzgang von St-Pierre-le-Jeune ist **eine Oase der Beschaulichkeit mitten im Stadtzentrum.** Drei der vier Seiten stammen zumindest in Teilen noch aus dem 11. Jh., was den Kreuzgang zu einem der ältesten nördlich der Alpen macht. Die Kapitelle der Säulen sind schlicht gehalten, nur eines zieren vier Köpfe. Im Lauf der Jahrhunderte sind die Profile der Gesichter verwittert. Die vierte, gotische Seite schmückt einfaches Maßwerk. Grabmäler und Inschriften vom 14. bis 18. Jh. sind im ganzen Kreuzgang zu finden. Farne und Stockrosen wachsen üppig im Innenhof.

Während der Reformationszeit war St-Pierre protestantisch geworden. Louis XIV. gab die Kirche den Katholiken zurück, wenn auch nur teilweise. Ab 1681 nutzten die Katholiken den Chor, den Protestanten verblieb das Schiff. Der Lettner und eine Mauer hielten die beiden Konfessionen räumlich getrennt. 1893 bezogen die Katholiken schließlich die Kirche St-Pierre-le-Jeune (catholique) ❯ S. 113 in der Neustadt (St-Pierre-le-Jeune protestant: April–Okt. Mo 13–18, Di–Sa 10.30–18, So 14.30–18 Uhr).

Restaurant

Der Straßburger Stopfleberpapst Edouard Artzner › S. 37 führt die kleine, feine Brasserie **La Table d'Edouard, 7, rue de la Mésange,** ●●

Shopping

Bernard Pfirsch, 20, rue de la Nuée Bleue bietet Stiche mit Straßburger und Elsässer Motiven sowie Porzellan und Keramik aus regionaler Fertigung.

Banque de France 28

Wo jetzt der massige Bau der Banque de France steht, stand das Haus von Frédéric de Dietrich, dem königlichen Kommissar in Straßburg und seit 1790 Bürgermeister der Stadt. In seinem Auftrag schuf der Hauptmann der örtlichen Garnison, Claude-Joseph Rouget de Lisle das »Kampflied für die Rheinarmee«. Am 15. Juli 1795 wurde die Marseillaise zur französischen Nationalhymne erkoren › Exkurs S. 94. Eine moderne Figurengruppe zwischen dem Rathaus und dem Sitz des Militärgouverneurs erinnert an die Ursprünge des Liedes.

Aquéduc de Janus 29

An der Ecke Place Broglie/Quai Schoepflin plätschert das originelle Aquéduc de Janus. In Anspielung auf die historische Vergangenheit der Stadt wachsen wie beim römischen Vorbild Mauerbögen aus dem Wasserbecken des Janusbrunnens. **Sanfte Wellen umspielen den Bronzekopf des antiken Gottes,** der sowohl in die Zukunft als auch in die Vergangenheit blicken zu können. Tomi

Ungerer › S. 54 entwarf den Janusbrunnen, von ihm »Geburt der Zivilisation« benannt, 1988 anlässlich der 2000-Jahr-Feier der Stadt. Die Doppelgesichtigkeit der Figur soll die deutsch-französischen Wurzeln der elsässischen Kultur symbolisieren.

Inseln der Stille

■ In eine zeitentrückte Idylle versetzt das nach mittelalterlichen Vorbildern angelegte kleine Gärtchen im Innenhof des **Musée de l'Œuvre Notre Dame** › S. 68.

■ Eine Oase der Beschaulichkeit mitten im Stadtzentrum ist der Kreuzgang von **St-Pierre le Jeune (protestant)** › S. 100, der in wesentlichen Teilen noch aus dem 11. Jh. stammt.

■ Ein hübsches Plätzchen für eine Rast im französischen Viertel ist der originelle **Janusbrunnen** › S. 101, der mit dem Fragment eines Aquädukts an die Gründung der Stadt durch die Römer erinnert.

■ Bunt verputzte Fachwerkhäuser säumen den Illkai in der **Krutenau** › S. 102 und in Finkwiller. Spätestens am Kanalufer südlich des Vauban-Wehrs lässt man die Touristenströme weit hinter sich.

■ Fachwerkfassaden und ein plätschernder Brunnen unter einer alten Kastanie bestimmen das Bild im **Cour du Corbeau** › S. 107, einem winzigen kopfsteingepflasterten Hinterhof.

■ Mächtige alte Linden beschatten die Grünflächen des verträumten **Parc des Contades** › S. 116, der das Zentrum eines gründerzeitlichen Wohnviertels bildet.

Krutenau

Nicht verpassen!

- In der Cave historique elsässischen Wein kaufen und damit auch noch Gutes tun
- Luftig-leichte Macarons in mindestens drei Geschmacksrichtungen probieren – in den Pâtisserien der Rue d'Austerlitz
- Sich in einem Straßencafé an der Place des Orphelins oder beim Wochenmarkt auf der Place de Zurich unters Volk mischen

Zur Orientierung

Die Straßburger Altstadt auf der Illinsel ist sicher konkurrenzlos, was ihre Dichte an historischen Bauten und anderen Sehenswürdigkeiten betrifft. Doch der immense Besucherandrang bringt es mit sich, dass man hier auch mit den Schattenseiten des Tourismus konfrontiert wird.

Einen wohltuenden Kontrast dazu bildet die Krutenau, die auf weniger spektakuläre, dafür aber authentischere Art und Weise historisches Flair verbreitet. Während die Altstadt den Touristen gehört, findet man in der Krutenau das Straßburg der Einheimischen – von denen viele Zuwanderer sind.

Am südlichen Illufer siedelten sich im 15. Jh. Gemüsebauern (im Namen »Krutenau« lebt die alte Bezeichnung »Kraut-Aue« fort) und Flussschiffer an. Wie für ein Armenviertel üblich, konzentrierten sich hier soziale Fürsorgeeinrichtungen – eine Tradition, die bis heute fortbesteht. So erstreckt sich neben dem mittelalterlichen Hospiz im Südwesten der Krutenau heute der riesige Komplex des Städtischen Klinikums.

Nachdem Straßburg französische Garnison geworden war, bezogen im 18. Jh. viele Soldaten die in der Krutenau erbauten Kasernen. Im 19. Jh. setzte die Industrialisierung ein und die Kasernen wichen Manufakturen. Die Krutenau nahm den Charakter eines typischen Arbeiterviertels an.

Einigen Luxussanierungen zum Trotz ist die Krutenau ein Viertel der kleinen Leute geblieben. Die relativ niedrigen Mieten können sich auch Studenten und Künstler leisten. Es gibt preiswerte Lokale, und viele Einwanderer unterhalten kleine Lebensmittelläden. Dass man hier auf weniger Touristen trifft, ist dem Umstand zu verdanken, dass die Schönheiten des Viertels eher im Verborgenen blühen – zwei Beispiele dafür sind die Cour du Corbeau und die Cave historique.

Was den Charme der Krutenau ausmacht, nämlich ihre ungeschönte Lebendigkeit, erschließt sich am besten bei einem Bummel über die Place des Orphelins oder durch die Gassen um die Kirche Ste-Madeleine. Lohnend ist auch ein Besuch des Wochenmarkts auf der Place de Zurich. Einzige klassische Touristenattraktion, dafür aber eine hochkarätige, ist das Musée Alsacien mit seinen reichen volkskundlichen Sammlungen.

Tagsüber eher beschaulich, zeigt sich die Krutenau am Abend von einer ganz anderen Seite: Studenten aus dem nördlich angrenzenden Univiertel füllen dann die Kneipen, deren Spektrum vom Nachbarschaftstreff zum angesagten Szene-Lokal reicht.

Im Musée Alsacien wird der Alltag früherer Zeiten lebendig

103

Unterwegs in der Krutenau

Der Charme des Alltäglichen

**– ⑥ – Quai St-Nicolas ›
Historischer Weinkeller › Rue
d'Austerlitz › Place des
Orphelins › Place Ste-Madeleine › St-Guillaume › Place
du Corbeau › Musée Alsacien**

Distanz/Dauer: 2,5 km, 1 Std.
(ohne Museumsbesuche)
Praktische Hinweise: Aus-
gangs- und Endpunkt der Tour
ist die Tramhaltestelle Porte de
l'Hôpital. Auf diesem Rundweg
bieten sich immer wieder
überraschende Ausblicke auf
das Münster – unbedingt den
Fotoapparat mitnehmen!

Quai St-Nicolas

Geschichtsträchtige Häuser säumen den Quai St-Nicolas. In Nr. 18
wohnte im 16. Jh. der Straßburger
Autor Sebastian Brant › S. 53. Re-
naissancehäuser mit Treppengie-
beln und verzierten Erkern und
Bürgerhäuser im klassizistischen
Stil wechseln sich ab.

Die uralte Kirche **St-Nicolas** ∎
ruht auf römischen Grundmauern. Sie wurde seit dem 12. Jh.
mehrfach umgebaut. Ihr heutiges,
vorwiegend gotisches Erscheinungsbild verdankt sie Erweite-
rungsbauten in den Jahren 1381
bis 1387. 1899 war Albert Schweitzer Hilfsprediger an dieser Kirche.

Bekannt wurde er durch sein Tro-
penhospital in Lambarene (Ga-
bun), für das der gebürtige Elsässer auch in seiner Heimat mit
Vorträgen und Orgelkonzerten
Geld sammelte (nur zu den Gottesdiensten geöffnet).

⑩ *Historischer Weinkeller ∎

Etwas versteckt liegt der Eingang
zur Cave Historique des Hospitals
von 1395 an der Place de l'Hôpital.
In dem massiven mittelalterlichen
Gewölbe lagern noch fünf originale Holzfässer aus dem 15./16. Jh.
Das Krankenhaus kultiviert nach
wie vor eigene Weinberge und
nutzt den Keller für Ausbau und
Lagerung, daneben präsentieren
und verkaufen hier auch andere
elsässische Winzer ihre Produkte.
Wer französisch spricht, kann
nach telefonischer Anmeldung an
einer kostenlosen Führung teilnehmen, bei der einen **der Keller-
meister auch an einem Weißwein
aus dem 15 Jh. schnuppern lässt.**
Hinweistafeln – leider ebenfalls
nur in französischer Sprache –
informieren über die Weinher-
stellung. Ein Schild mit der Auf-
schrift »Souterrain« führt auf
einigen Metern in ein früher
30 km langes Gewölbe- und Gang-
system, das im Mittelalter unter
der gesamten Stadt verlief und in
Notzeiten zur Versorgung oder
Evakuierung diente – zuletzt im
Zweiten Weltkrieg.

Der Charme des Ganzen liegt gerade in der Improvisiertheit – es handelt sich um keine Touristenattraktion, sondern um eine aktiv genutzte Stätte der Weinlagerung und des -handels. Den Rebsaft kann man nur zu bestimmten Terminen (telefonisch erfragen) verkosten, aber natürlich im Shop kaufen. Die Einnahmen kommen u.a. dem Erhalt des Hospitals zugute (Mo–Fr 8.30–12 und 13.30–17.30, Sa 9–12.30 Uhr; Tel. 03 88 11 64 50).

Zur Place Ste-Madeleine **3**

Der Rue des Bouchers fast bis zur Ill folgend, erreicht man den Beginn der **Rue d'Austerlitz**. In der Fußgängerzone gibt es viele Bäckereien, Pâtisserien, Käseläden und Metzger, bei denen man sich mit einem Imbiss versorgen kann. **Eine Spezialität der Pâtisserien sind Macarons, luftig-leichte Biskuitkekse,** deren Farbe der Geschmacksrichtung der Füllung entspricht. So gibt es z.B. lila Macarons mit Veilchengeschmack.

Am Ende der Straße biegt man links in die Petite Rue d'Austerlitz ab und folgt dieser zur langgezogenen begrünten **Place des Orphelins**, dem Platz der Findelkinder. Früher wurden hier Waisen versorgt, das am Platz befindliche Sozialzentrum und die nahe Schule lassen diese Tradition noch erahnen. Mit kleinen Geschäften und Lokalen, Treffpunkten der kleinen Leute, gibt er einen Eindruck vom spezifischen Flair der Krutenau.

Die Weine aus dem Elsass werden in der Cave Historique ausgebaut

Über die Rue du Fossé des Orphelins gelangt man durch einen Renaissancebogen von 1576 zur **Place Ste-Madeleine** mit der gleichnamigen Kirche. Den Platz umgeben uralte, teils liebevoll herausgeputzte und teils gar nicht renovierte Bauten wie z.B. das alte Kontorhaus.

Restaurants

■ Italienische Küche signalisiert schon der Name **La Trattoria,** aber es finden sich auch französische Gerichte auf der Karte. **2, pl. des Orphelins, Tel. 03 88 36 74 02,** So, Mo geschl. ●
■ Das familiäre kleine Restaurant **La Coccinelle, 22, rue Ste-Madeleine, Tel. 03 88 36 19 27,** ●, serviert elsässische Traditionsküche zu moderaten Preisen. Bei schönem Wetter kann man in der kleinen Fußgängerzone vor der Tür auch im Freien sitzen.

Shopping

■ Nur wenige Schritte östlich von Ste-Madeleine wird Mittwoch vormittags auf der **Place de Zurich** ein bunter **Wochenmarkt** abgehalten.

■ Wer auf einer der vielen Bänke in der Krutenau picknicken möchte, bekommt bei **La Cuillère en Bois, 38, rue de Zurich,** leckere Fertiggerichte auch zum Mitnehmen.

St-Guillaume 4

Durch einen kleinen Durchgang geht es von der Place Ste-Madeleine wieder Richtung Ill. Dem Quai des Bateliers in östlicher Richtung folgend erreicht man die frühere Wilhelmerkirche St-Guillaume. 1307 war die Kirche, die im Zuge der Reformation protestantisch wurde, im Wesentlichen fertig gestellt. Im 14. Jh. versammelte sich hier die Brüderschaft der Flussschiffer zum Gebet, worauf der Anker mit Wetterhahn auf der Turmspitze hinweist.

Von außen betrachtet wirkt der Sakralbau eher unscheinbar, doch birgt das Innere eine sehenswerte Ausstattung. **Wertvollster Besitz sind die fantastischen Buntglasfenster aus dem 15. Jh.** Sie stammen zum Großteil aus der Werkstatt von Peter Hemmel aus Andlau, die auch für das Münster fertigte. Zwischen 1447 und 1505 produzierte sie ganze Serien großflächiger Kirchenfenster, die bis nach Ulm, München und Salzburg exportiert wurden. Detailreich und in leuchtenden Farben zeigen die Scheiben in St-Guillaume neben der Passionsgeschichte und der Katharinenlegende Szenen aus dem Leben des hl. Wilhelm von Maleval. Diesem Ahnherrn des Wilhelmitenordens ist die ehemalige Klosterkirche geweiht, die später Pfarrkirche wurde. Ausführlichere Betrachtung lohnt weiterhin das **Doppelgrabmal** der elsässischen Landgrafen Ulrich und Philipp von Werd (nur zu den Gottesdiensten, meist So 10.30 Uhr, geöffnet, Tel. 03 88 36 01 36).

Manufacture de Cigares

Zigarren mit klingenden Namen wie Ninas, Havanitos u.ä. lassen an Kuba denken oder an Sevilla, aber noch werden sie in der Rue de la Krutenau produziert, annähernd sechs Millionen Stück pro Jahr und erst seit 30 Jahren maschinell. Die Straßburger Zigarrenmanufaktur mit derzeit fast 230 Mitarbeitern entstand zwischen 1849 und 1864, der Gebäudekomplex nimmt ein Areal von mehr als 1,5 ha ein. 1999 fusionierte der französische Tabakmonopolist SEITA mit dem spanischen Tabak-Staatsbetrieb und Anfang 2008 kaufte die britische Imperial Tobacco Group die neue Firma. Kurz darauf veröffentlichte Imperial Tobacco Restrukturierungspläne, die die Schließung des Werks in der Krutenau vorsehen. Ob die Proteste in Paris daran etwas ändern werden? Die Tabakfabrik in Sevilla dient längst als Hauptgebäude der Universität … (7, rue de la Krutenau, zweistündige Führungen nach Voranmeldung unter Tel. 03 88 35 29 00).

Verstecktes Juwel: die malerische Cour du Corbeau

Place du Corbeau

Vorbei an den Fachwerkfassaden des belebten Quai des Bateliers, des Schifferstadens, spaziert man zur Place du Corbeau. Am Quai gegenüber fällt der Blick in den Innenhof der Grande Boucherie › S. 81. Aus dieser Perspektive wirken die Türme und das hohe Dach der Alten Metzig sehr stattlich. Daneben erstreckt sich die Ancienne Douane › S. 82. Steil steigt ihr schmaler Treppengiebel auf. Die Holzterrasse des früheren Zollgebäudes ragt über die leise plätschernde Ill.

Die moderne Place du Corbeau (Rabenplatz) prägen eine Reihe von Straßencafés und die schlichte Fassade des einstigen »Hôtel du Rhin«. Nichts erinnert mehr an die grausamen Bestrafungen, deren Schauplatz der nahe **Pont du Corbeau** einst war: Hier wurden Schwerverbrecher in der Ill ertränkt. Harmlosere Betrüger wie Weinpanscher wurden in die übel riechenden Abwässer unter der Rabenbrücke, auch »Schindbrücke« genannt, getaucht.

Etwas östlich der Place du Corbeau liegt, hinter einer Toreinfahrt versteckt, die malerisch **Cour du Corbeau** 🔢. Hier gruppieren sich ==uralte Fachwerkfassaden um einen winzigen kopfsteingepflasterten Hinterhof,== die offenen Holzgalerien sind verwittert. Neben dem Brunnen wächst ein Kastanienbaum. Das Gasthaus »Zum Raben« war vom Mittelalter bis ins 19. Jh. eine auch bei Königen und Grafen beliebte Adresse. Auf der Tafel an der Hauswand ist vermerkt, dass Friedrich der Große und Kaiser Joseph II. inkognito in der Herberge übernachtet haben. Das Anwesen aus dem 16./17. Jh.

Nightlifeadressen für Pistengänger

Zu Straßburgs regem Nachtleben tragen neben den rund 40 000 Studenten auch Touristen aus aller Welt und der Tross der EU-Funktionäre bei. Ob schicke Bar, gemütlicher Pub, Hard Rock Live oder DJ-Sound zum Abtanzen – das Angebot der Hauptstadt garantiert auch am späteren Abend vergnügliche Stunden.

Livemusik von Klassik bis Techno

Straßburg wird für sein umfangreiches Musikangebot landesweit gerühmt, dies gilt besonders für die Oper ❯ S. 39, längst eine feste Institution in der französischen Kulturlandschaft.

■ **Palais de la Musique et des Congrès**
Avenue Herrenschmidt
Tel. 03 69 06 37 06

www.philharmonique-strasbourg.com
Kartenreservierung Mo–Fr 9–18 Uhr.
Abwechslungsreiches Programm von Oper und Ballet über Klassik bis zu Jazz-Sessions.

■ **La Laiterie**
11, rue du Hohwald
Tel. 03 88 23 72 37
www.laiterie.artefact.org
Die Konzerthalle 1 km südlich des Bahnhofs ist Straßburgs Bastion für moderne Musik: Hip-Hop, Techno, Pop bzw. Rock sowie französische Chansons, Weltmusik und Salsa. Oft spielen internationale Stars.

■ **Parc des Expositions Wacken**
Place de la Foire d'Exposition
Tel. 03 88 37 21 21
www.strasbourg-events.com
In der Rhénus Nord-Halle finden häufig Großveranstaltungen mit bekannten Interpreten und Musikgruppen statt.

Diskos und Musikclubs

Die Großraumtanzschuppen liegen in den Vororten, in der Stadt gibt es eher kleinere Bar-Diskotheken und Tanzclubs, teils auf ausgedienten Schleppkähnen.

■ L'Abattoir

1, quai Charles Altorfer
Tel. 03 88 32 28 12
www.abattcafe.com
Orientalisches Ambiente mit gemütlichen Sofas, ideal für den Aperitif oder Digestif zu guter House-Musik. Mo–Fr 18–2, Sa 21–3 Uhr. Fr und Sa Disko.

■ Rock City Café

24, rue des Pules
Tel. 03 88 36 54 76
Das Lokal in der Krutenau ist vor allem bei Fans rockiger Musik beliebt. Tgl. 11–1.30 Uhr.

■ L'Hippocampe

Quai des Pêcheurs
Auf dem Schleppkahn finden Konzerte unterschiedlicher Musikrichtungen statt, manchmal legen DJs auf. Dazu gibts kleine Snacks . Mo–So 18–3 Uhr.

■ Le Rafiot

Quai des Pêcheurs
Tel. 03 88 61 27 17
Tagsüber fungiert das Boot als Café-Bar, spätabends verwandelt es sich in einen angesagten DJ-Club. Mittwochs werden Tanzkurse angeboten.

Kneipen und Bars

Kristallisationspunkte des Nachtlebens sind die Krutenau und die Place du Marché Gayot mit den umliegenden Gassen wie der Rue des Frères und Rue des Sœurs.

■ Bar L'Elastic

27, rue des Orphelins
Szenetreff in der Krutenau, die Musik, die hier gespielt wird, entspricht immer allerneuesten Trends. Mo–Do 17–3, Fr, Sa bis 4 Uhr.

■ Le Trou

5, rue des Couples
Gemütliches Kellerlokal in der Krutenau, das als Nachbarschaftstreff fungiert. Tgl. 20.30–3.30 Uhr.

■ Café de l'Opéra

Place de Broglie
Tel. 03 88 75 48 26
Das ruhige, zurückhaltend gestylte Nachtcafé ist ein Treffpunkt von Künstlern und Kulturschaffenden. Tgl. 11–3, Fr, Sa bis 4, So bis 20 Uhr.

■ Les Frères Berthom

18, rue des Tonneliers
Tel. 03 88 32 81 18
www.lesfreresberthom.com
70 unterschiedliche Flaschenbiere, 10 Sorten vom Fass sowie exzellente Cocktails. Tgl. ab 18 Uhr.

■ Le Seven

25, rue des Tonneliers
Tel. 03 88 32 77 77
www.lesevenstrasbourg.com
Das schicke Lokal dient als Laufsteg der Straßburger Jeunesse Dorée.

Aktuelle Ausgehtipps

Was sich in Straßburg am Abend tut, erfährt man aktuell im Internet unter www.ger.cityvox.fr/guide_strassburg/CityHome oder www.strasbourq.fr, aus der Tageszeitung **Dernières Nouvelles d'Alsace (DNA)**, dem wöchentlich erscheinenden Kulturmagazin **Hebdoscope** und dem zweimal monatlich erscheinenden **Strasbourg Magazin** (auch in Deutsch). Auch das Office de Tourisme > S. 139 hält einen Flyer mit Veranstaltungstipps bereit.

wurde von 2007 bis 2009 umfassend renoviert und beherbergt seither ein Vier-Sterne-Hotel mit 57 Zimmern (www.cour-corbeau. com), der Hof ist aber weiterhin öffentlich zugänglich.

Restaurant

Das Hotel Cour du Corbeau besitzt auch einen gemütlichen **Teesalon**, in dem man bei einer Tasse Kaffee und hausgemachtem Kuchen eine Pause einlegen kann.

Nightlife

La Passerelle, 38, quai des Bateliers.

Interessante Kombination aus Loft, Kunstgalerie und Cocktailbar. Am frühen Abend ideal für den Aperitif, später Lounge-Ambiente mit DJ-Musik. Szeniges Publikum.

11 ****Musée Alsacien** 6

Viel Geld und noch mehr Ideen wurden in das Elsässische Museum investiert. Gegründet wurde es 1907 als Bollwerk gegen die drohende Germanisierung des Elsass unter der Herrschaft des deutschen Kaiserreichs. In den drei Häusern werden elsässisches Brauchtum und volkstümliche Kunst präsentiert – übrigens ein Museum, in dem auch kleine Besucher ihren Spaß haben.

Wilder Wein rankt sich die Galerien im Innenhof hinauf. Besucher erfahren auf anschauliche Weise viel vom Leben der Bauern und Winzer. Alles ist vorhanden: In der Küche stehen Herd und Stubenofen unter dem riesigen Rauchfang, Kochgerät und Pfan-

nen hängen an der Wand. In der holzgetäfelten Bauernstube aus Wintzenheim ist der Nachttopf unter dem Bett ein Detail. Die Winzerstube aus Ammerschwihr macht der Poêle, der dekorative grüne Kachelofen, sehr gemütlich. Über knarrende Treppen und Böden geht's durch Zimmer voller Gerätschaften. Ein wenig gruselig wirkt eine Galerie von sog. Kleiekotzern. Durch die weit aufgerissenen Mäuler der hässlichen Holzfratzen wurde beim Mahlen des Mehls die Kleie ausgestoßen.

An den altersdunklen Weinfässern fallen die geschnitzten Fassriegel ins Auge. Auf einem ist eine Meerjungfrau mit schuppigem Fischschwanz dargestellt. Traditionelle Gegenstände wie ein Gebärstuhl, die bunte Brautkrone und das schmiedeeiserne Grabkreuz versinnbildlichen die Abschnitte des menschlichen Lebens. Wie viel Arbeit dazwischen lag, verdeutlichen die Werkstätten. Man kann sich gut vorstellen, dass an der Feuerstelle in der Schmiede harte Knochenarbeit geleistet werden musste. Wenig Vertrauen erweckend wirkt die mit Glaskolben, Mörsern und einem Totenkopf ausgestattete Alchemistenküche der Apotheke im zweiten Stock des Museums.

Ein eigener kleiner Raum ist dem Leben der jüdischen Gemeinde im Elsass gewidmet (Mo, Mi–Fr 12–18, Sa, So 10–18 Uhr; www.musees-strasbourg.org).

Das Palais du Rhin flankiert die Place de la République

Deutsches Viertel

Nicht verpassen!

- Unter den prächtigen gründerzeitlichen Villen rund um den Parc des Contades das eigene Traumhaus auswählen
- Erotischen Fantasien nachhängen – denen des zeichnenden Enfant terrible Tomi Ungerer
- In einer Studentenkneipe im Uni, viertel auf die Zukunft Europas anstoßen

Zur Orientierung

Der Bau der Neustadt begann nach dem deutsch-französischen Krieg 1871, als Elsass-Lothringen dem deutschen Kaiserreich zufiel. Die Hauptstadt des neuen Reichslandes benötigte repräsentative öffentliche Gebäude, die sowohl die neu geschaffenen Behörden beherbergen als auch die Überlegenheit deutscher Kultur bezeugen sollten. Der Berliner Architekt August Orth und der Straßburger Haussmann-Schüler Jean Geoffroy Conrath erhielten den Auftrag, ein neues Viertel mit Amtssitzen sowie Wohnungen für Beamte und Offiziere aus dem Boden zu stampfen. Weiterhin sollte Straßburg eine große Universität, einen neuen Bahnhof und ein städtisches Schwimmbad erhalten.

Das Ergebnis dieser Planungen ist ein Musterbeispiel für Herrschaftsarchitektur, die mit baulichen Mitteln Macht demonstriert. Breite Prachtboulevards, großzügige Plätze und imposante Verwaltungsbauten bestimmen das Bild, daneben entstanden Villen im Stil des Historismus, die heute zu den begehrtesten Wohnadressen der Stadt gehören. Wegen ihres pompösen Auftretens und des als Baumaterial verwendeten, für das Elsass untypischen grauen Sandsteins wurde die Neustadt von den Straßburgern jahrzehntelang als Fremdkörper betrachtet und abgelehnt. Erst im 20. Jh. begann sich diese Einstellung zu ändern. Das Interesse gilt nun mehr dem kunsthistorischen Aspekt dieser wilhelminischen Stadtplanung. Und aus diesem Blickwinkel ist man bereit, den Prachtbauten einige Pluspunkte zuzuweisen.

Ausgerechnet im Deutschen Viertel hat sich die jüdische Gemeinde angesiedelt, die nach dem Zweiten Weltkrieg in ihre Heimat zurückkehrte. Am Rande des Parc des Contades wurde eine neue Synagoge erbaut; außerhalb des Sabbat sieht man kinderreiche Familien auf der Straße und in den koscheren Geschäften.

Sehr passend scheint vor diesem Hintergrund auch die Ortswahl des neuen Tomi Ungerer-Museums, war der Straßburger Zeichner und Karikaturist doch immer ein Botschafter der jüdischen Kultur im Elsass.

Im Tomi-Ungerer-Museum

Unterwegs im Deutschen Viertel

Preußische Prachtentfaltung

– **❻** – **Palais de Justice ›**
St-Pierre-le-Jeune (catholique)
› Place de la République ›
Parc des Contades › Avenue
de la Liberté › Centre de l'Illu-
stration Tomi Ungerer ›
St-Paul › Place de l'Université
› Universitätsgelände

Distanz/Dauer: 2,5 km, 1 Std.
(ohne Museumsbesuche)
Praktische Hinweise: Die Tour
lässt sich bequem zu Fuß be-
wältigen, eine Alternative stellt
das Fahrrad › S. 19 dar. Zum
Ausgangspunkt gelangt man
mit Tram A oder D (Haltestelle
Ancien Synagogue/Les Halles),
nach dem Ende der Tour gelangt man mit Tram C oder E
von der Haltestelle Universités
ins Zentrum zurück.

Palais de Justice **7**

Beim Entwurf des Justizpalastes
hielten sich die deutschen Architekten Sigurd Neckelmann und
August Hartel 1895 eng an das
Vorbild der Antike. Der neohelle-
nistische Bau aus grauem Sandstein besitzt einen Portikus mit
dreieckigem Giebelfeld. Justitia, die
römische Göttin des Rechts, ver-
deutlicht mit Waage und Schwert
die Funktion des Gebäudes. Der
grüne Kupferaufbau mit den Stern-

ornamenten bildet einen auffälli-
gen Farbtupfer.

Der Justizpalast grenzt an die
Rue du Fossé des Treize, heute
eines der Zentren jüdischen Lebens in Straßburg. Einige Läden
mit koscheren Lebensmitteln haben sich hier angesiedelt, und man
sieht Männer mit Kippa über den
Gehsteig eilen. Es wirkt wie eine
Ironie der Geschichte, dass sich
die Mehrzahl der nach 1945 heimgekehrten Juden gerade im Deutschen Viertel niedergelassen hat.

Hotel

Das **CIARUS** nahe dem Palais de Justice
ist ein beliebtes Jugend- und Begeg-
nungszentrum. Es bietet interessante
Kursprogramme zu Europathemen
oder Diskoabende sowie preisgünstige
Übernachtungsmöglichkeiten ab 20 €
pro Person (**7, rue Finkmatt, Tel.**
03 88 15 27 88, www.ciarus.com).

St-Pierre-le-Jeune (catholique) **8**

Die monumentale Kirche aus rosa
Vogesensandstein wurde 1889 bis
1893 von den Architekten des Justizpalastes erbaut. Sie ist nicht zu
verwechseln mit der gleichnamigen, deutlich älteren protestantischen Kirche › S. 99, die sich beide Konfessionen seit der Annexion
des Elsass durch Louis XIV. geteilt
hatten. Mit Fertigstellung des neoromanischen Neubaus stand den
Katholiken wieder ein eigenes
Gotteshaus zur Verfügung.

Die mächtige, hellgrüne Kuppel der Kirche (die größte im Elsass) ist eine Anspielung auf den Petersdom in Rom. Die viereckigen Türme mit neoromanischen Rundbogenfenstern und Galerien tragen Pyramidendächer, eine schlichte Rosette verleiht der Portalseite Leichtigkeit. Der riesige neoromanische Radleuchter im Inneren ist dem verschollenen Original in der Abteikirche Weißenburg nachempfunden.

Restaurant

Die preiswerte, bodenständige Küche des Restaurants Le Tribunal, 6, quai Finkmatt, Tel. 03 88 32 68 02, ●, wissen auch die Angestellten des nahen Justizpalastes zu schätzen.

Monument aux Morts auf der Place de la République

Quai Jacques-Sturm

Kastanien säumen den Quai am Kanal Fossé du Faux Rempart, der die Altstadt Straßburgs im Westen und Norden umschließt. In den stattlichen Häusern haben viele Anwaltskanzleien und Notariate ihren Sitz. Schon im 19. Jh. waren diese Immobilien wegen ihrer guten Ausstattung begehrte Wohnadressen. So gab es z.B. Gasanschlüsse auf jeder Etage – ein für die damalige Zeit ungewöhnlicher Komfort, auf den bis heute erhaltene Emailleschilder voller Stolz hinwiesen.

*Place de la République 9

Der einstige »Kaiserplatz« bildete das Kernstück der wilhelminischen Stadtplanung. Hier standen die kaiserliche Residenz und die offiziellen Verwaltungsbauten des Reichslandes Elsass-Lothringen. Gleichzeitig sollte der Platz die Verbindung zwischen der Altstadt auf der Illinsel und der sich nördlich und westlich daran anschließenden Neustadt herstellen.

Von hier aus genießt man eine fantastische Aussicht auf das Münster. Inmitten üppiger Blumenpracht mahnt ein ausdrucksstarkes Denkmal zum Frieden: Schmerzerfüllt hält eine Mutter ihre beiden toten Söhne in den Armen. Einer fiel für Frankreich, einer für Deutschland, erst im Sterben reichen sie sich die Hände. Der Rodin-Schüler Léon Drivier schuf das monumentale Werk 1936 zum Gedenken an die Gefallenen des Ersten Weltkriegs.

*Palais du Rhin

Das prunkvolle Palais du Rhin wurde als Residenz für den deutschen Kaiser Wilhelm II. errichtet. Dieser bezeichnete den wuchtigen Palast wenig charmant als Elefantenhaus. Hermann Eggert gestaltete den Bau zwischen 1883 und 1888 unter Rückgriff auf Florentiner Renaissance- und Berliner Barockbauten. Der Reichsadler und der Berliner Bär an der Frontseite unterstreichen Glanz und Gloria des Reiches. Atlanten tragen die erste Etage des Mittelrisalits, in dessen Giebelfeld es sich der antike Held Herakles neben der Krone bequem macht. Über der Mittelpartie thront eine rote Ziegelkuppel. **Das Entree beeindruckt mit einer hohen Kassettendecke und roten Marmorsäulen.** Eine Neuerung in Straßburg bildete damals übrigens der eiserne Dachstuhl des Gebäudes, der den zuvor üblichen hölzernen vor allem im Hinblick auf die Brandgefahr überlegen war.

Der pompöse Palais du Rhin an der Place de la République

Nach 1919 zog die erste »Euro-Behörde« der Stadt ein: die 1815 von den Rhein-Anrainerstaaten gegründete Kommission für die Rheinschifffahrt. Heute nutzt außerdem die Kulturdirektion der Region Elsass das Gebäude.

Trésorerie Générale

Eine neue Bestimmung hat auch das benachbarte ehemalige Ministerium für das Reichsland erhalten: Hinter den schmiedeeisernen Toren befindet sich nun das Schatzamt des Départements. Ein schiefergedecktes Mansardendach schließt den Bau ab, der sich stilistisch am Berliner Schloss von Andreas Schlüter orientiert. Sein Schöpfer, der Architekturprofessor Ludwig Levy, zeichnet auch für den zweiten Ministeriumsbau am Platz verantwortlich. In das Gebäude aus hellem Sandstein zog die **Préfecture** ein.

Bibliothèque Nationale et Universitaire

Den östlichen Abschluss des Platzes bilden die Nationalbibliothek sowie das Stadt- und Nationaltheater. Der Bibliotheksneubau war durch die völlige Zerstörung des alten Gebäudes im Deutsch-Französischen Krieg notwendig geworden. Säulen und Pfeiler lockern die Fassade auf. Über den

Fenstern grüßen deutsche Dichtergrößen: Gottfried von Straßburg, Schiller, Goethe, Lessing … Die Bibliothek zählt mit mehr als 3 Mio. Bänden inzwischen zu den größten des Landes.

Théâtre National

Zwei Frauengestalten schauen von der Dachkante herab: Elsass und Lothringen schmücken den ehemaligen Landtag des Reichslandes. Der Bau wurde 1888 von August Hartel und Sigurd Neckelmann entworfen und ist heute Sitz des Nationaltheaters. Der Dichter André Malraux machte das Dramatische Zentrum 1968 zum Nationaltheater, dessen Auf-

Die Neue Synagoge am Parc des Contades wurde 1955 erbaut

führungen oft hochkarätig besetzt sind (Programminfos unter www.tns.fr › S. 40). Angeschlossen ist die École Superieure d'Art Dramatique, die Schauspieler, Bühnenbildner und Regisseure ausbildet. Das gute Renommee der Schule reicht weit über die Grenzen des Elsass hinaus.

Parc des Contades 10

Die breite Avenue de la Paix bildet eine gerade Achse bis zur Place de Bordeaux. Die genau auf den Nordturm des Münsters ausgerichtete Straße führt zum Parc des Contades. Unter seinen alten Bäumen stehen einladende Bänke, **Spazierwege führen durch die grüne Oase, zu der auch ein Kinderspielplatz gehört.** Im 18. Jh. wurde das Gelände für Schießübungen genutzt.

Am Westrand des Parks steht die moderne **Synagoge** aus den 1950er-Jahren. Ihr Bau war notwendig geworden, da während der Besatzungszeit im Zweiten Weltkrieg Nationalsozialisten das alte Gebetshaus am Quai Kléber angezündet hatten. Die jahrhundertealte, gewaltsam unterbrochene jüdische Tradition besteht inzwischen wieder weiter: In Straßburg lebt eine der größten jüdischen Gemeinden Frankreichs.

Restaurants

■ **L'Amuse Bouche, 3, rue de Turenne, Tel. 03 88 35 72 82, ●●.** Äußerlich unprätenziöses Restaurant mit raffinierter französische Küche, die sich auf Aromen konzentriert. Die Speisen werden fantasievoll angerichtet.

■ **Pâtisserie Kubler, 29, ave. des Vosges.** Zur hervorragenden Pâtisserie gehört ein Salon de Thé, in dem auch kleine Snacks serviert werden.

Avenue de la Liberté 11

Vom Park aus gelangt man über die Rue Auguste Lamey zur Avenue de la Liberté. In unterschiedlichen historisierenden Stilen aufwendig dekorierte Häuser säumen die Straße, die in gerader Achse das Regierungsviertel mit der Universität verbindet.

In dem neogotischen Prachtbau aus dem späten 19. Jh. residiert die Post. Am neobarocken Gebäude Nr. 11–13 fasziniert die Fülle der Details. Die Konsolen sind überreich verziert. Der Bau war Sitz der Regionaldirektion der Zölle und wird noch heute von einer elsässischen Regionalbehörde genutzt. Die benachbarte Villa im italienischen Stil (Nr. 15) wirkt dagegen geradezu schlicht. Haus Nr. 17 ließ sich ein reicher Kaufmann nach Vorbildern aus dem Rokoko erbauen. Der Bauherr von Nr. 21 bevorzugte den neogotischen Stil für seine nicht eben bescheidene Residenz. In Haus Nr. 6, einem ausladenden Barockbau, hatte die Aachener und Münchner Feuerversicherungsgesellschaft ihren Sitz.

Centre de l'Illustration Tomi Ungerer 12

Ein kleiner Abstecher Richtung Ill führt zu einem ganz speziellen Highlight der Straßburger Kulturszene. Das Centre de l'Illustration Tomi Ungerer eröffnete im Herbst 2007 in der Villa Greiner, einem neoklassizistischen Gebäude aus dem 19. Jh. Der Straßburger Zeichner und Illustrator Tomi Ungerer › S. 54, der heute abwechselnd in Irland und Straßburg lebt, schenkte seiner Heimatstadt 7000 Originalzeichnungen, Skulpturen, Werbeplakate, zahlreiche Fotografien und seine private Sammlung mechanischer Spielzeuge. Ein Teil der Sammlung wird im Wechsel mit Werken anderer Illustratoren des 20. Jhs. in dem Museum ausgestellt. Wer mehr über den Weltbürger Tomi Ungerer erfahren möchte, findet in einer Bibliothek umfangreiche Fakten (Di–Fr 12–18, Sa, So 10–18 Uhr, www.musees-strasbourg.org).

St-Paul 13

Die Kirche St-Paul mit ihren zwei spitzen Türmen nimmt die Landzunge am Zusammenfluss von Ill und Aar ein. **Das äußerst reizvolle Zusammenspiel von Architektur und Umgebung** hat der Architekt Louis Muller 1889 genau kalkuliert. Die spektakuläre Lage des Baus kommt besonders gut zur Geltung, wenn man sich ihm mit einem der Ausflugsboote nähert. Ein schöner Blick bietet sich auch vom **Pont d'Auvergne,** einer Brücke mit ornamental gestalteter Eisenkonstruktion.

Echt gut!

St-Paul wurde als evangelische Garnisonskirche geplant, die zahlreichen Zugänge zum Kirchenraum sollten es den vielen Soldaten ermöglichen, den Raum bei ihrem Gottesdienstbesuch rasch zu betreten und anschließend

Studententreff mit Tradition in Uninähe: das Café Brant

wieder zu verlassen. Im Innern ist noch immer die Empore für den Kaiser und die Generäle zu sehen. Die Fenster sind ein Werk von Roger Schutz aus Taizé. Über dem Hauptportal bilden elf Fenster eine große Rosette.

Place de l'Université

Über den Pont d'Auvergne gelangt man zum Universitätsplatz. In einer kleinen **Grünanlage** hat Johann Wolfgang von Goethe seinen Standplatz gefunden: Von einem Podest blickt er stolz in die Ferne. Der deutsche Bildhauer Ernest Waegener hat das Denkmal 1904 zum 150. Geburtstag des Dichters geschaffen.

Das ***Palais Universitaire** 🄔 erbaute der Architekt Otto Warth 1879–1884 im Stil der italienischen Renaissance. Statuen mehrheitlich deutscher Gelehrter und Wissenschaftler weisen darauf hin, dass dies eine deutsche Hoch-

schule war. Noch heute bildet das Palais einen Zugang zum alten Universitätsgelände.

Das Innere des Kollegiengebäudes gibt sich überraschend luxuriös: Goldene Fresken zieren den großen überdachten Innenhof mit doppelstöckiger Säulengalerie. Palmen stehen auf dem Marmorboden. Berliner Architekten planten das mehrstöckige Gebäude ursprünglich als Sitz einer Versicherung.

Unter den früheren Professoren der Straßburger Universität ragen der Vorreiter der Mikrobiologie, Louis Pasteur, sowie der international anerkannte Geschichtsprofessor Johann Daniel Schöpflin hervor. Von den ehemaligen Straßburger Studenten erlangte nicht nur Goethe Berühmtheit: Auch Napoleon und Fürst Metternich hörten an der renommierten Universität Vorlesungen.

Das bereits 1880 gegründete **Café Brant,** 11, pl. de l'Université, Tel. 03 88 36 89 05, ●, mit seiner großen Terrasse ist ein beliebter Treff nicht nur für Studenten.

Universitätsgelände 15

Auf dem Universitätsgelände, das sich östlich des Palais erstreckt, wartet Straßburg mit einigen Alternativen zum Spaziergang für einen Schlechtwettertag auf.

Am nächsten liegt das **Musée de Minéralogie,** das aus der Sammlung Professor Hermanns vom Ende des 18. Jh. hervorging. Es stellt eine der größten Gesteinssammlungen Frankreichs aus, darunter 450 Meteoriten (Mo–Fr nur nach Voranmeldung unter Tel. 03 90 24 04 52, http://mms. u-strasbg.fr).

Etwas weniger wissenschaftlich ausgerichtet ist das benachbarte **Musée Zoologique.** Es besitzt eine Sammlung präparierter Tiere; Dioramen stellen Landschaften wie den Polarkreis oder das Nilufer mit der dort heimischen Fauna vor (Mo, Mi–Fr 12–18, Sa, So ab 10 Uhr, www.musees-strasbourg. org.; Buslinien 7 und 30 bis Musée Zoologique).

Etwas weiter östlich versammelt das **Musée de Sismologie et Magnétisme terrestre** im Backsteingebäude einer einstigen Erdbebenwarte wissenschaftliche Apparate zur Messung von Erdbeben und des Erdmagnetismus (außerhalb der Schulferien Mi und Sa 14–18 Uhr, http://eost.u-strasbg. fr/musee/Accueil.html).

Von diesem Museum aus gelangt man direkt in den **Jardin Botanique,** der 1880 zu Studienzwecken angelegt wurde. Auf 3,5 ha Fläche gedeihen 6000 verschiedene Pflanzen, exotische Flora wuchert in Gewächshäusern. **Die beschauliche grüne Oase steht seit 1991 unter Denkmalschutz** (im Sommer Mo–Fr tgl. 8–19.30, Sa, So 10–19.30 Uhr, im Winter kürzer, kostenlose Führungen So 15.30 Uhr, www.crdp-strasbourg. fr/artsculture/jardin).

Unübersehbar ragt am Nordrand des Geländes die Kuppel des 1880 errichteten **Planetariums** auf. Hier kann man bei Vorstellungen ferne Galaxien, durchs All schweifende Kometen und Sternbilder entdecken bzw. in der »Sternenkrypta« das Weltall interaktiv erkunden. Vorträge und Filme ergänzen das Angebot (4, rue de l'Observatoire, Mo, Di, Do, Fr 9–12, 14–17, Mi 14–17, So 14–18 Uhr; http://planetarium.u-strasbg.fr; Tram C bis Observatoire).

Beliebte Ausgehadressen im Univiertel sind **Le Living Room ›** S. 41, **La Salamandre ›** S. 41 und die **Party-Schiffe** am Quai des Pêcheurs **›** S. 109.

Kunst im öffentlichen Raum

Skulpturen von Hans Arp, Auguste Bartholdi und anderen Künstlern säumen beiderseits die breite Avenue du Général de Gaulle südlich des Botanischen Gartens – Kunstgenuss umsonst und im Freien!

Europaviertel

Nicht verpassen!

- Am Quai des Pêcheurs einen Pernod schlürfen – an Dock eines ehemaligen Schleppkahns
- Die wechselnden Lichtstimmungen bewundern, die von der riesigen Glasfassade des Europaparlaments widergespiegelt werden
- Im idyllischen Parc de l'Orangerie dem Klappern der Störche lauschen

Zur Orientierung

Wenn das EU-Parlament tagt, sind sie plötzlich überall: Eurokraten, die mit Laptop und Aktenstapeln zur nächsten Sitzung eilen, Presseleute, die per Handy die neuesten Nachrichten an ihre Heimatredaktionen weitergeben, Dolmetscher mit Walkman-Kopfhörer im Ohr. Die Straßburger hegen gemischte Gefühle gegenüber diesen EU-Funktionären, die die Parkplätze blockieren und die Lebenshaltungskosten in die Höhe treiben. Doch wer wollte auf sie verzichten? Das gastgebende Gewerbe sicherlich nicht.

Schon 1949 bezog mit dem Europarat die erste europäische Institution ihr Domizil an der Ill. Neun Jahre später tagte das Europäische Parlament zum ersten Mal in Straßburg. Der Europäische Gerichtshof für Menschenrechte folgte 1959.

Im Rahmen von Führungen können Besucher einen Blick in die Gebäude werfen, die schon von außen mit ihrer futuristischen Architektur beeindrucken. Europamüde finden gleich nebenan im Parc de l'Orangerie ein ruhiges Rastplätzchen im Grünen.

Unterwegs im Europaviertel

Das moderne Straßburg

– ❼ – Quai des Pêcheurs ›
Quai Mullenheim › Palais de l'Europe › Parc de l'Orangerie › Parlement Européen › Palais des Droits de l'Homme

Distanz/Dauer: 2,5 km, 1 Std. (ohne Innenbesichtigungen)
Praktische Hinweise: Die Tour lässt sich zu Fuß oder mit dem Fahrrad › S. 19 unternehmen,

alternativ fährt die Buslinie 6 ab Homme de Fer oder Place Broglie zum Palais de l'Europe. Die Tram E hält an den Stationen Parc des Contades, Parlement Européen und Palais de l'Europe. Idealerweise endet die Tour bei Sonnenuntergang, so kann man die eindrucksvolle moderne Architektur bei nächtlicher Beleuchtung erleben. Innenbesichtigungen der europäischen Institutionen sind nur an Werktagen bzw. an Sitzungstagen und nach Voranmeldung möglich.

Palais des Droits de l'Homme

Zu Bar-Restaurants umfunktionierte
Flusskähne am Quai des Pêcheurs

Entlang der Ill

Am Nordende des **Quai des Pêcheurs** liegen drei ausrangierte Flusskähne *(péniches)* vor Anker, die nun dem Vergnügen dienen: »L'Hippocampe« ist ein Tipp für Nachtschwärmer ❯ S. 109, die Kähne »Le Rafiot« ❯ S. 109, 125 und »Café Atlantico« (tgl. 6–1.30 Uhr, Tel. 03 88 35 77 81) fungieren abends als DJ-Clubs, tagsüber kann man **auf Deck mit Blick auf St-Paul einen Kaffee trinken,** sanft geschaukelt vom glucksenden Wasser der Ill.

ARTE – TV für Kulturfans

Er gibt sich jung, progressiv und vor allem europäisch. Der deutsch-französische Kulturkanal ARTE hat es sich zum Ziel gesetzt, ein integrierendes Medium für Europa zu sein. Der Sender ist verglichen mit anderen europäischen Einrichtungen Straßburgs noch jung: Am 30. Mai 1992 ging ARTE erstmals auf Sendung. Die Redaktion übt sich seither im »regard croisé«: Mit dem wechselseitigen Blick über die Grenzen wollen die Journalisten aus Deutschland und Frankreich Themen aller Art aus beiden Ländern vorstellen.

Der Schwerpunkt liegt auf Kunst und Kultur. Die Redakteure beschränken sich aber keineswegs auf Europa, es werden darüber hinaus ganze Themenabende etwa zu Afrika oder Asien gesendet. Kaum ein Gegenstand ist ARTE zu abseitig, bekannte Sachverhalte werden aus ungewöhnlichen Perspektiven dargestellt, um dem Zuschauer neue Sichtweisen zu eröffnen.

Das Konzept des Senders ging bislang auf: Zwei Drittel seiner französischen und drei Viertel seiner deutschen Zuschauer sehen in dem Programm einen Beitrag zur Völkerverständigung. Die Partner hinter den Kulissen, ARD, ZDF und La Sept ARTE, freut dies trotz niedriger Einschaltquoten. Das in mehreren Sprachen ausgestrahlte Programm ist in ganz Europa zu empfangen.

Bei der Vorbereitung auf eine Elsass-Reise kann das sonntags um 20 Uhr ausgestrahlte Format »Karambolage« hilfreich sein. Auf informative und witzige, oft verblüffende Weise werden hier deutsche und französische Klischees auf ihren Wahrheitsgehalt hin untersucht. Die Nachrichtensendung »ARTE Info« beleuchtet täglich um 19.45 Uhr aktuelle Ereignisse in beiden Ländern unter einem europäischen Blickwinkel (Infos bei ARTE, 4, Quai du Chanoine Winterer, 67080 Strasbourg Cedex. Für Zuschauer aus Deutschland: ARTE Zuschauerdienst, Tel. 0180-500 24 88, www.arte-tv.com).

Über den Pont d'Auvergne, ein Relikt der Kaiserzeit, gelangt man zum **Quai Mullenheim** am Westufer der Ill. Der Quai wurde nach einer der beiden einflussreichen Patrizierfamilien des Mittelalters benannt, die andere war die Familie Zorn. Nach letzterer ist der Quai am Westufer der Landzunge benannt – ein Treppenwitz der Geschichte, denn die beiden Clans waren sich zu Lebzeiten spinnefeind. **Auf dem Uferweg lässt es sich schön bummeln.** Das Panorama mit alten Bäumen, herrschaftlichen Villen und schicken Bungalows wirkt vornehm und gediegen. Die dritte Brücke nach dem Pont d'Auvergne, ein Passerelle Ducrot genannter Fußgängersteg, führt schließlich wieder zum anderen Illufer hinüber. Über die Rue du General Uhrich und die Avenue du Président Schuhman gelangt man in wenigen Schritten zu Straßburgs »Europolis«, wo vis-à-vis des Palais de l'Europe auch der Fernsehsender ARTE seinen Sitz hat › Kasten S. 124.

Henri Moore schuf diese Plastik vor dem Palais de l'Europe

Palais de l'Europe 16

Vor den Stufen zum Palais de l'Europe wehen die bunten Flaggen der 47 Mitgliedsstaaten des Europarats (Conseil de l'Europe) › Kasten S. 126. Dahinter steigt die moderne Fassade des Gebäudes aus Aluminium und goldbraunem Glas auf. Der Bau des französischen Architekt Henry Bernard wurde 1977 eingeweiht.

Er ist Sitz des Europarats und beherbergt mehr als 1300 Büros, dazu Versammlungs- und Seminarräume sowie Bibliotheken. Hinter der verglasten Rotunde an der Ecke des Gebäudes befindet sich der Sitzungssaal des Ministerkomitees. Dort treten regelmäßig die Außenminister der Mitgliedsstaaten zusammen.

Restaurants

■ **Le Rafiot**
Quai des Pêcheurs][www.rafiot.net
Auf dem Flusskahn werden neben Getränken auch Kuchen, kleine Snacks und Salate serviert. Mi–Sa 10–4, So–Di 10–1.30 Uhr. ●

■ **Zuem Yschuet**
21, quai Mullenheim
Tel. 03 88 35 68 62
Weinlaubumranktes Haus mit schöner Gartenterrasse an der Ill; raffiniert verfeinerte Regionalküche, Sa mittags und So geschl. ●●

Europa wird stärker

Der **Europarat** (EuR, www.coe.int/de) ist eine zwischenstaatliche Organisation auf völkerrechtlicher Grundlage. Am 5. Mai 1949 unterzeichneten Belgien, Dänemark, Frankreich, Irland, Italien, Luxemburg, die Niederlande, Norwegen, Schweden und Großbritannien in London die Gründungssatzung. Deutschland trat 1950 bei, Österreich 1956, die Schweiz 1963. Auch Staaten, deren Territorium zum größten Teil außerhalb Europas liegt, gehören dazu, wie etwa die Türkei. Derzeit umfasst der EuR 47 Mitglieder, Weißrussland hat sich um den Beitritt beworben. Hauptaufgabe des EuR ist die Stärkung der politischen, rechtlichen, kulturellen und sozialen Zusammenarbeit. So hat er einen Aktionsplan zur Bekämpfung von Rassismus, Antisemitismus und Intoleranz erarbeitet. Verstöße gegen die Menschenrechte können vor dem **Europäischen Gerichtshof für Menschenrechte** verhandelt werden.

Neben der Europäischen Kommission, in welche die Regierungen Mitglieder entsenden, und dem Europäischen Rat der Staats- und Regierungschefs gehört das **Europäische Parlament** (EuP) zu den drei entscheidenden Gemeinschaftsorganen der Europäischen Union. Alte Mitgliedsländer der EU sind Belgien, Dänemark, Deutschland, Finnland, Frankreich, Griechenland, Großbritannien, Irland, Italien, Luxemburg, die Niederlande, Österreich, Portugal, Schweden und Spanien. 2004 wurden Estland, Lettland, Litauen, Malta, Polen, Slowakei, Slowenien, Tschechische Republik, Ungarn und Zypern Neumitglieder. Seit 2007 gehören auch Bulgarien und Rumänien dazu. Kandidat ist die Türkei. Obwohl das EuP alle fünf Jahre direkt gewählt wird, sehen wenige EU-Bürger darin eine effektive Vertretung ihrer Interessen. Als demokratisch legitimiertes Organ hat es wenig Kontrollbefugnisse gegenüber dem Europäischen Rat und der Kommission. Mit den Änderungen des EU-Vertrags, welche nun von den Unterzeichnerstaaten ratifiziert werden, wird das EuP mehr Rechte erhalten und bei vielen Gesetzgebungsverfahren mitentscheiden können (mehr unter http://europa.eu.int).

Der zeltförmige Plenarsaal des Palais de l'Europe verfügt über 560 Sitzplätze. Er ist der Tagungsort der Parlamentarischen Versammlung des Europarats, die aus Vertretern der nationalen Parlamente besteht. Bis 1998 tagte dort auch das Europäische Parlament (EuP), das als Organ der EU alle fünf Jahre direkt gewählt wird (Infos zu Führungen beim Europarat Point i in der Zentralbibliothek links vom Haupteingang oder beim Besucherdienst unter Tel. 03 88 41 20 29; www.coe.int).

Pavillon in der Orangerie

*Parc de l'Orangerie 🔢

Der herrliche Park grenzt direkt an den Palais de l'Europe. 1804 ließ die Stadt eine Orangerie anlegen, um hier die Orangenbäume des Schlosses von Bouxwiller überwintern zu lassen und später auch zu züchten. Kaiserin Joséphine, die bei der Bevölkerung sehr beliebte Gemahlin Napoleons, weihte das Gebäude ein, weshalb es auch Pavillon Joséphine genannt wurde.

Mit seinen bunten Blumenrabatten, duftenden Rosengärten sowie alten Buchen und Platanen zählt der 25 ha große Park zu den schönsten Grünanlagen in Straßburg. Von Juni bis September erstrahlt er jeweils von Einbruch der Dunkelheit bis Mitternacht in leuchtender Illumination. Dazu ertönt am Wochenende zwischen 20 und 22 Uhr stimmungsvolle Musik. Zur Orangerie gehören außerdem ein See mit Bootsverleih und ein kleiner Tiergarten mit Storchengehege.

Restaurant

In Seenähe steht ein Fachwerk-Bauernhof von 1607, der ursprünglich aus Molsheim stammt und hier aus dem Originalmaterial wieder aufgebaut wurde. Dieses **Buerehiesel** beherbergt heute das gleichnamige elegante Spitzenrestaurant 〉 S. 30.

*Parlement Européen 🔢

Der gigantische Neubau des Europaparlaments am Illufer gegenüber dem Palais de l'Europe wurde 1999 fertig gestellt. Die ständig steigende Zahl der Europa-Parlamentarier hatte ihn notwendig gemacht. Bei dem elegant geschwungenen Glaspalast handelt es sich um das flächenmäßig größte Bauwerk Europas. Die verspiegelte **Fassade bietet besonders bei dramatischen Lichtstimmungen einen grandiosen Anblick.** Einige der verwendeten High-tech-Materialien wurden eigens für den Bau entwickelt. Dem alle fünf Jahre gewählten Europaparlament (die letzte Wahl fand im

Meilensteine moderner Architektur

■ Bei der Planung des **Musée d'Art Moderne et Contemporain** › S. 89 ließ der Pariser Stararchitekt Adrien Fainsilber sich von gotischer Kathedralarchitektur inspirieren.

■ Die moderne Platzgestaltung der **Place Kléber** › S. 96 kontrastiert auf spannende Weise mit den angrenzenden historischen Gebäuden, insbesondere mit der klassizistischen Aubette.

■ 1926–28 gestalteten Hans Arp, Sophie Taeuber-Arp und Theo van Doesburg einige Räume in der **Aubette** › S. 98 nach den ästhetischen Prinzipien von De Stijl. Der Bau wurde danach von der Presse als »Sixtinische Kapelle der modernen Kunst« gefeiert. Im Zuge des Umbaus der Aubette wurde das konstruktivistische Raumkunstwerk rekonstruiert und wieder der Öffentlichkeit zugänglich gemacht.

■ Die futuristische Architektur der **Tramhaltestelle Homme de Fer** › S. 98 spiegelt mit baulichen Mitteln deren Funktion als Knotenpunkt wider. Sehenswert ist auch die **Endhaltestelle Hoenheim Gare** (Tram B), ein Entwurf der aus dem Irak stammenden Architektin Zaha Hadid.

■ Für das **Centre de l'Illustration Tomi Ungerer** › S. 117 wurde eine klassizistische Villa umgestaltet – besonders gelungen ist die Inszenierung der Eingangssituation.

■ Demokratische Grundprinzipien wie Transparenz und Durchlässigkeit wiederspiegeln soll die futuristische Hightech-Architektur des **Parlement Européen** und des **Palais des Droits de l'Homme** › S. 127, 128.

Juni 2009 statt) gehören 785 Mitglieder an. Sie tagen an jeweils vier Tagen im Monat und bringen mit ihrem Tross die Gastronomie der Stadt an die Grenzen ihres Leistungsvermögens (Infos zu Führungen beim Besucherdienst unter Tel. 03 88 17 51 84 oder unter www.europarl.europa.eu).

*Palais des Droits de l'Homme 19

Das Gebäude des Europäischen Gerichtshofs für Menschenrechte wurde 1995 fertiggestellt. **Den Hightech-Palast aus poliertem Aluminium** hat der britische Architekt Sir Richard Rogers (Centre Pompidou) entworfen. Zwei mächtige, schräg abgeflachte Zylinder aus Edelstahl flankieren den Eingang des Komplexes, vor dem ein Betonsegment der Berliner Mauer aufgestellt wurde. Der ganze Bau scheint in ein signalrotes stählernes Gerüst eingehängt zu sein. Man kann den Koloss aus Metall, Beton und Glas auch von innen besichtigen, die Cafeteria und die Bibliothek sind für die Öffentlichkeit zugänglich (Infos zu Führungen beim Besucherdienst unter Tel. 03 88 41 20 24, www.coe.int/T/D/Menschenrechtsgerichtshof).

Restaurant

Chez Franchi, 8, ave. de l'Europe, Tel. 03 88 36 34 34, ●●. Im Restaurant des Straßburger Eiscremepapstes › S. 34 kann man neben Pizza, Pasta & Co. natürlich auch die gesamte Palette an Franchi-Eissorten probieren.

Elsass-Idylle pur in Colmar

Ausflüge

- Radtour nach Pourtalès – naturbelassene, mit moderner Kunst bestückte Grünanlage
- Colmar – an Kunstschätzen reiche Bilderbuchstadt mit kultivierter elsässischer Lebensart
- Nördliche Weinstraße – idyllische Winzergemeinden inmitten grüner Rebberge

Radtour nach Pourtalès

Altstadt › Château de Pourtalès › Robertsauer Auwald

Dauer: mindestens ½ Tag, 6 km
Praktische Hinweise: Beschilderte Radwege (Palais de l'Europe, Robertsau, Pourtalès) erleichtern die Orientierung. Radverleih › S. 19.

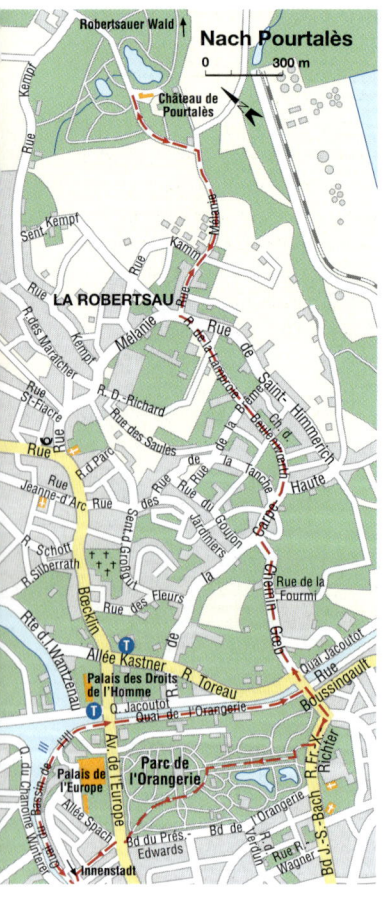

Etwa 30 Radminuten vom Straßburger Zentrum entfernt liegen das Château de Pourtalès und der Robertsauer Auwald, die beide eine willkommene Abwechslung vom Großstadtgetriebe bieten. Man verlässt die Altstadt Richtung Norden über den Quai Koch und den Quai Mullenheim › S. 125. Nachdem man den Palais de l'Europe und den Orangeriepark passiert hat, erreicht man über den Pont de la Porte du Canal und den Chemin Goeb das ehemalige Fischerdorf und heutige Nobelwohnviertel Robertsau. Die Rue Mélanie führt direkt in den Schlosspark.

Das *Château de Pourtalès (6 km) war im 18. Jh. Residenz der Familie de Bussière. 1844 heiratete Mélanie de Bussière – bekannt für ihre Schönheit und ihr Savoir-vivre – einen Grafen Pourtalès. Ende des 19. Jh. wurde das Schloss umgebaut. Aus dieser Zeit stammen die Neorenaissancefassade und der Salon im Louis XVI.-Stil. Heute beherbergt das Schloss ein Seminar- und Bildungszentrum sowie ein Hotel mit Restaurant (Tel. 03 88 45 75 17, So abends, Mo geschl., ●●). Im weitläufigen Park sind moderne Kunstwerke verstreut, auf dem Rasen treffen sich im Sommer Familien zum Picknick.

Im *Robertsauer Auwald führen Platanenalleen und Naturpfade am Rhein entlang. Man kommt an Baumriesen, Wiesen, Feldern und einem Gehöft vorbei, das der Baron de Bussière 1876 im Stil eines nordländischen Bauernhofs errichten ließ.

**Colmar ①

Straßburg › Colmar

Dauer: 1 Tag, ca. 65 km
Praktische Hinweise: Von Straßburg verkehren stündlich Züge nach Colmar (Fahrtdauer ca. 30 Min., Fahrpläne unter www.sncf.fr oder unter www.bahn.de). Die Anreise per Pkw erfolgt über die A35. Besonders lohnend ist ein Colmar-Besuch zur Zeit der Weinmesse im August (genauer Termin und ausführliches Veranstaltungsprogramm unter www.foire-colmar.com) oder im Dezember, wenn die ganze Altstadt zur stimmungsvollen Kulisse des Weihnachtsmarkts wird.

Unter dem Namen Columbarium (Taubenschlag) im Jahr 823 erstmals urkundlich erwähnt, entwickelte sich Colmar im ausgehenden Mittelalter zu einem Zentrum des Humanismus und der Reformation. Heute ist Colmar nach Straßburg und Mülhausen die drittgrößte Stadt des Elsass, sein gut erhaltenes architektonisches Erbe und die Museen können sich durchaus mit Straßburg messen. Allein schon das Musée d'Unterlinden mit dem berühmten Isenheimer Altar ist die Reise wert. Die malerische Altstadt lädt zum Shoppen und Genießen ein, hinter ihren Fachwerkfassaden verbergen sich schicke Boutiquen, Delikatessengeschäfte und gemütliche Weinstuben. Insbesondere das liebevoll restaurierte Gerber-

viertel und Klein-Venedig haben Colmar den Ruf der »elsässischsten aller elsässischen Städte« eingebracht.

Sehenswertes in der Altstadt

Gut erhaltene Bürgerhäuser aus dem Mittelalter und der Renaissance machen die Colmarer Altstadt zu einem architektonischen Schmuckstück: Das älteste ist die **Maison Adolphe** von 1350 (Place de la Cathédrale). Sehenswert sind weiterhin das 1480 errichtete und im 16. Jh. erweiterte **Koïfhus** (Place de l'Ancienne Douane), die 1537 für einen reichen Hutmacher erbaute **Maison Pfister** (7, rue des Marchands), und die **Maison des Têtes** (19, rue des Têtes), deren Fassade etwa 100 Köpfe bzw. Masken zieren. Die Maison des Têtes beherbergt heute ein Hotel mit 19 behaglichen Zimmern und ein Restaurant mit ruhigem Innenhof (www.la-maison-des-tetes.com).

Dominiert wird die Altstadt von der gotischen Stiftskirche **St-Martin** mit ihrem 71 m hohen Turm. Einen genaueren Blick lohnt der Skulpturenschmuck der Portale. Die im 13. Jh. erbaute **Dominikanerkirche** birgt Martin Schongauers berühmte »Madonna im Rosenhag« (1473) und wunderbare Glasfenster aus dem 14. und 15. Jh. Zu den Kunstschätzen der ehemaligen Franziskanerkirche, der heutigen protestantischen Kirche **St-Matthieu,** zählen der Lettner, eine Silbermannorgel sowie Glasfenster aus der Werkstatt Peter Hemmels von Andlau › S. 52.

Nostalgisch-charmanter Quay de la Poissonnerie im Viertel Petite Venise

Das am Flüsschen Lauch gelegene **Gerberviertel** ist mit seinen Brücken und Fachwerkhäusern mindestens genauso romantisch anzuschauen wie sein Pendant in Straßburg. Im Süden schließt sich **Petite Venise** an, Klein Venedig.

Zu den beliebtesten Fotomotiven des Viertels gehört der Quai de la Poissonnerie, an dem einst die Fischer ihre Häuser hatten. Bei der Brücke an der Rue Turenne starten flache Flusskähne zu kurzen Erkundungsfahrten.

Trügerische Idylle – Hansis Elsass-Bild

Colmar ist die Heimatstadt von Jean-Jacques Waltz alias Hansi (1873–1951), einem elsässischen Grafiker, Karikaturisten und französischen Nationalisten. 1913, am Vorabend des Ersten Weltkriegs, setzte er seiner Heimat mit dem Bilderbuch »Mon Village« ein Denkmal. Die Dorfszenen mit spielenden, in elsässische Nationaltracht gekleideten Kindern, noch heute überall als Postkarten erhältlich, haben das Bild vieler Menschen vom Elsass geprägt. Die Idylle ist jedoch nur oberflächlich; wer genau hinschaut, erkennt die versteckte Kritik an den deutschen Besatzern, die als hässliche Touristen, anmaßende Offiziere oder dummdreiste Gendarmen den Frieden stören. Die deutsche Obrigkeit verbot Hansis Bücher, die Elsässer versteckten sie in ihren Häusern – eine stille Form des Widerstands. Der Künstler wurde mehrmals inhaftiert, während der erneuten Besetzung 1941 von der Gestapo fast zu Tode geprügelt. 2008 gab der Stuttgarter Verlag Urachhaus das Buch »Mon Village« unter dem Titel »Mein Dorf. Das Elsass, wie es einstmals war« neu heraus.

Ein absolutes Muss auch für Colmar-Besucher, die sonst nichts mit Kunst am Hut haben, ist das **⁎⁎Musée d'Unterlinden mit Matthias Grünewalds berühmtem Isenheimer Altar.** Das hochkarätige Museum, das die Räume eines Klosters aus dem 13. Jh. nutzt, zeigt neben diesem Publikumsmagneten auch Werke von Schongauer, Cranach und Holbein, mittelalterliche Skulpturen und eine umfangreiche Sammlung moderner Kunst (1, rue d'Unterlinden, Mai–Okt. tgl. 9–18, Nov.–März Mi–Mo 9–12, 14–17 Uhr, www.musee-unterlinden.com).

Wer mit Kindern unterwegs ist, kann das **Spielzeugmuseum** (Musée Animé du Jouet et des Petits Trains) mit historischen Puppen und einer riesigen Modelleisenbahnanlage besuchen (Mo 10–12, 14–18, Juli/Aug. tgl. 10–19, Sept. tgl. 10–12, 14–18, Dez. tgl. 10–18 Uhr, www.museejouet.com).

Info

Office de Tourisme
4, rue Unterlinden (beim Museum)
68000 Colmar][Tel. 03 89 20 68 92
www.ot-colmar.fr

Hotel und Restaurant

Grand Hôtel Bristol
7, place de la Gare
68000 Colmar][Tel. 03 89 23 59 59
www.grand-hotel-bristol.com
Die Zimmer bieten den gewohnten Komfort der Best Western-Kette; im Michelin-prämierten Hotelrestaurant »Rendez-Vous de Chasse« kreiert Michaela Peters durch Aromenvielfalt überzeugende Gourmetküche. ●●

Nördliche Weinstraße

Straßburg ﹥ Marlenheim ﹥ Molsheim ﹥ Rosheim ﹥ Boersch ﹥ Obernai ﹥ Mont Ste-Odile

Dauer: mindestens 1 Tag, Rundfahrt insgesamt etwa 80 km
Praktische Hinweise: Infos über die Region auch auf Deutsch bietet die Webseite www.alsace-route-des-vins.com. Weinproben vermitteln alle Verkehrsämter entlang der Weinstraße. Pkw-Anreise nach Marlenheim auf der A351/D1004, die Weinstraße (Route des Vins, D422/D35) ist ausgeschildert. Zum Mont Ste-Odile führt die D214. Nach Molsheim, Rosheim und Obernai bestehen Bahnverbindungen. Marlenheim wird von der Buslinie 230 angefahren (ab Haltestelle Les Halles bzw. Place de la Gare), von dort verkehren die Linien 234/235 nach Marlenheim. Die Linie 257 bedient die Strecke Obernai–Boersch–Otrott–Mont Ste-Odile.

Im Aroma liegt die Kraft, meinen die elsässischen Winzer – und, dass ihr Wein zum Essen wie zur Atmosphäre passen muss. Probieren geht über Studieren auf der nördlichen Route des Vins d'Alsace. Zwischen blumengeschmückten Fachwerkhäusern und Renaissancebrunnen haben Weinbauern bei einem Glas Elsasser allerlei Geschichten über Land und Leute zu erzählen.

133

Marlenheim 2

Der Ort (3000 Einw.) ist das nördliche Tor zur elsässischen Weinstraße. Bereits im 6. Jh. wussten die Merowinger die sonnige Südhanglage am Marlenberg zu schätzen. Der Weinberg »Steinklotz« zählt zu den besten Einzellagen des Elsass. Am Rathausplatz beginnt **ein 90-minütiger Lehrpfad (Hinweis »Sentier Viticole«) durch die Rebhänge,** der mit Schautafeln über Anbaumethoden und Rebsorten informiert. Er berührt auch eine barocke **Wallfahrtskirche** samt Kreuzweg.

Im Ortskern blieben einige sehenswerte Häuser aus dem Spätmittelalter und der Renaissance erhalten; die **Maison aux Dîmes** in der Rue Traversière Nr. 2 wurde bereits im 13. Jh. erbaut. Die **Richardiskirche** von 1716 besitzt noch ein romanisches Portal, das Christus zwischen Paulus und Petrus zeigt. Außerhalb des Ortes stehen am Flüsschen Mossig einige alte Wassermühlen.

Info

Office de Tourisme
11, pl. du Kaufhaus
67520 Marlenheim
Tel. 03 88 87 75 80
www.tourisme-marlenheim.fr

Weinproben

Der Winzer **Richard Specht,**
6, place Maréchal Leclerc,
Tel. 03 88 87 50 82, bietet auf Anfrage Besichtigungen des Weinkellers und Proben. Schaumweine sind die Spezialität von **Michel Florence,**
3, rue Witthor, Tel. 03 88 87 56 86.

*Molsheim 3

Hohe Pappelreihen, Spalierobst, eng bestandene Rebhänge und Äcker säumen die D 422 nach Molsheim. Der Ort (10 000 Einw.) wurde v.a. durch seine 1909 eröffneten Autowerke bekannt. Bis 1939 stellte die Fabrik des Mailänders Ettore Bugatti Automobile her, heute die Messier-Bugatti-Werke Fahrgestelle für Flugzeuge. Einige Bugattis sind im **Musée de la Chartreuse** zu sehen, das in den Räumen der ehemaligen Kartause Exponate zur Stadtgeschichte und Volkskunde präsentiert (Mai–Mitte Okt. Mi–Mo 14–17, Mitte Juni–Mitte Sept. auch 10 bis 12 Uhr). Im September treffen sich Oldtimerfreunde in Molsheim zum Bugatti-Festival (Infos unter Tel. 06 07 25 95 85).

An der ***Place de l'Hôtel de Ville** steht ein auffallend schöner Renaissancebau, die ***Metzig.** Das ehemalige Zunfthaus der Metzger von 1525 mit der zweiläufigen Außentreppe und den kunstvoll gearbeiteten Maßwerkbrüstungen ist ein beliebtes Fotomotiv. Das **Haus Nr. 21,** 1422 errichtet, gilt als ältestes Wohnhaus der Stadt. Weitere historische Häuser stehen in der Rue de Strasbourg und der Rue Jenner. Die Kirche **Ste-Trinité** (1615–1618) gehörte zu einem Jesuitenkolleg, das ein Zentrum der Gegenreformation im Elsass bildete. Von der ursprünglich farbigen Ausmalung zeugen die Fresken und Stuckaturen der Kapellen im Querschiff. Größter Schatz der Kirche ist eine Silbermannorgel von 1781.

Echt gut!

Info

Office de Tourisme
19, pl. de l'Hôtel de Ville
67120 Molsheim
Tel. 03 88 38 11 61
www.ot-molsheim-mutzig.com

Hotel

Hôtel du Centre
1, rue St-Martin
Tel. 03 88 38 54 50
www.hotelrestaurant-centre.biz
Familienhotel in historischem Gebäude
in guter ruhiger Lage. Bei schönem
Wetter Frühstück im Garten. ●—●●

Restaurant

Au Cerf
55, rue de Saverne
Tel. 03 88 48 85 53
Flammkuchenvariationen und Elsässer
Spezialitäten – im Sommer auch auf
der Terrasse. Mo, Do abends und Sa
mittags geschl. ●

Weinproben

Bei **Pierre Hoerter**, 5, rue des Remparts, Tel. 03 88 38 76 95, und
Alphonse Kaes, 12, pl. de la Liberté,

Tel. **03 88 38 55 47**, wird bei Verkos-
tungen Baeckeoffe zum Riesling und
Münsterkäse zum Gewürztraminer serviert. Vor der Kellerprobe geht es per
Kutsche 1,5 Std. durch die Weinberge.

*Rosheim ▣

Zu den schmucken Fachwerkdör-
fern an der Weinstraße gehört
auch Rosheim, das viel Flair und
**eine besonders stilreine romani-
sche Kirche** besitzt: die Basilika
*St-Pierre-et-Paul im historischen
Zentrum ⟩ S. 49. Romanisch ist
auch die burgähnliche **Maison
Païenne,** die als ältestes Steinhaus
im Elsass gilt. Von der einstigen
Stadtbefestigung blieben drei Tore
erhalten – mit einem Wehrturm
ausgestattet ist die Porte Basse.

Echt
gut!

Hotel

Hostellerie du Rosenmeer
45, av. de la Gare
Tel. 03 88 50 43 29
www.le-rosenmeer.com
Typisches Haus mit Winstub, einige
Zimmer bieten einen schönen Blick auf
den Mont Ste-Odile. ●—●●

*Boersch 5

Wie im Mittelalter betritt man das noch ursprüngliche Elsässerdorf durch eines der drei um 1340 errichteten Stadttore. **Der Spaziergang durch die engen Gassen ist eine Zeitreise.** Der ländliche, kopfsteingepflasterte **Rathausplatz** mit dem Renaissancebau des **Hôtel de Ville,** dem **Sechseimerbrunnen** und den verzierten Fachwerkhäusern verströmt ein liebenswert gestriges Flair.

**Obernai 6

Obernai (10 000 Einw.) gehört zu den Höhepunkten an der Weinstraße. Im Sommer herrscht am **Marktplatz** vor der bunten Fachwerkkulisse dichtes Gedränge.

Rathaus, Altes Kornhaus (Ancienne Halle aux Blés) und **Odilienbrunnen** bilden hier ein reizvolles Ensemble. In den krummen Gassen entdeckt man Häuser mit Erkern und Klappläden mit ausgesägten Herzen. Hinter Toreinfahrten liegen verwinkelte Höfe, Holztore zeigen prächtige Schnitzereien. Über der Szenerie erhebt sich der spitze Kapellturm, ein Überrest der ehemaligen Kapellkirche. Der Sechseimerbrunnen am Ende der Rue du Chanoine Gyss zählt zu den schönsten dieser typisch elsässischen Brunnen. Wenn auch mit einem Hauch von Freilichtmuseum, so wirkt Obernai doch wie eine elsässische Kleinstadt aus dem 16./17. Jh.

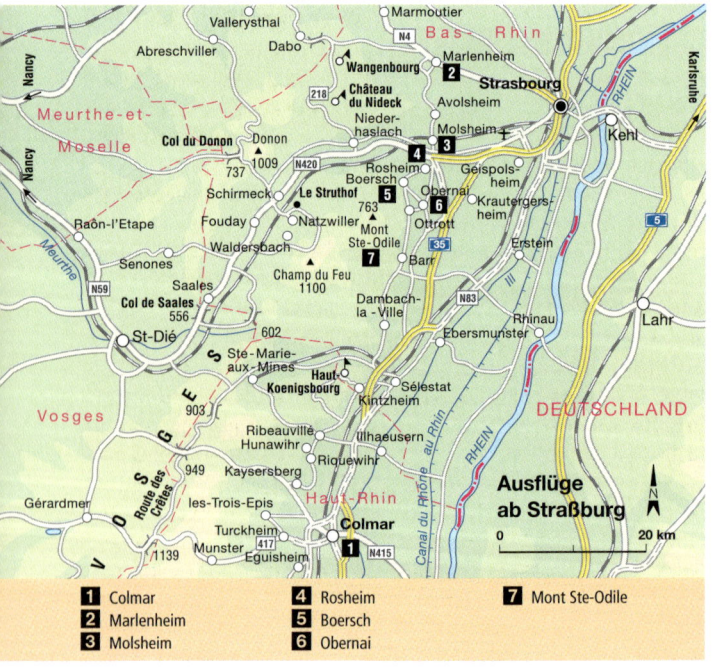

1	Colmar	**4**	Rosheim	**7**	Mont Ste-Odile
2	Marlenheim	**5**	Boersch		
3	Molsheim	**6**	Obernai		

Info

Office de Tourisme
Place du Beffroi][67213 Obernai
Tel. 03 88 95 64 13
www.obernai.fr

Hotel

La Cloche
90, rue du Général Gouraud
Tel. 03 88 95 52 89
www.la-cloche.com
20 Zimmer in einem Fachwerkhaus aus
dem 14. Jh. Heimelige Gaststube mit
Wandgemälden und kunstvollen Glas-
fenstern. ●

Restaurant

La Halle aux Blés
Place du Marché
Tel. 03 88 95 56 09
Elsässische Spezialitäten in der alten
Kornhalle. ●●

Mont Ste-Odile **7**

Trachtengruppe auf dem Marktplatz von Obernai

**Der Heilige Berg des Elsass ist
wegen seiner prächtigen Aussicht
ein beliebtes Ausflugsziel.** Er wird
von einer 10 km langen **Stein-
mauer** (Mur Païen) umgeben, bei
der es sich vermutlich um einen
keltischen Ringwall handelt. Das
Kloster auf dem Bergrücken zählt
zu den bedeutendsten Pilgerzielen
im Elsass. Es wurde Ende des
7 Jhs. von der hl. Odilie gegründet, der Schutzpatronin der Region. Ihre sterblichen Überreste
ruhen in der Odilienkapelle (tgl.
8–21 Uhr, 9.–22. Jan. und 17.–30.
Nov. geschl., wichtige Wallfahr-
ten: 1. So im Juli, 15. Aug./Mariä
Himmelfahrt, 13. Dez.). Markier-
te Wanderwege erschließen die
waldreiche Umgebung.

Hotel

Hôtellerie du Mont Ste-Odile
67530 Ottrott][Tel. 03 88 95 80 53
www.mont-sainte-odile.com
Von den Nonnen geleitete Klosterher-
berge mit 110 einfachen Zimmern und
gutem Restaurant; frühzeitige Anmeldung erforderlich. ●

Weinfeste

Von April bis September beleben
alljährlich über 50 Weinfeste die
schmucken Fachwerkdörfer der Elsässischen Weinstraße. Marlenheim
feiert am 3. Sonntag im Oktober,
Molsheim veranstaltet am 1. Mai
eine Weinmesse und am 2. Oktober-
wochenende ein Weinfest. In Obernai dreht sich am 2. Augustwochen-
ende und am 3. Sonntag im Oktober
alles um den Rebensaft.

Infos von A–Z

Ärztliche Versorgung

Beim Arztbesuch muss auch bei Vorlage der Europäischen Krankenversicherungskarte das Honorar bzw. bei Medikamenten eine Selbstbeteiligung bezahlt werden. Die Kosten werden gegen Vorlage der Quittung von der deutschen Versicherung bzw. der zuständigen örtlichen Caisse Primaire d'Assurance Maladie erstattet. Eine Alternative stellt ein Arztbesuch im deutschen Kehl dar.

Notdienste der Apotheken *(pharmacies)* sind am Eingang und im Lokalteil der Zeitung angezeigt.

Behinderte

ARAHM, Association Régionale d'Aide aux Handicapés Moteurs, 116, rue de la Ganzau, 67000 Strasbourg, Tel. 03 88 65 8410, www.arahm.asso.fr

Diplomatische Vertretungen

■ **Deutsches Generalkonsulat,** 6, quai Mullenheim, 67000 Strasbourg Cedex, Tel. 03 88 24 67 00, Fax 03 88 75 79 82, www.strassburg.diplo.de
■ **Österreichisches Generalkonsulat,** 29, av. de la Paix, 67000 Strasbourg, Tel. 03 88 35 13 94, www.aussenministerium.at/strassburggk
■ **Schweizer Konsulat,** 23, rue Herder, 67000 Strasbourg Cedex, Tel. 03 88 35 00 72, Fax 03 88 36 73 54, www.eda.admin.ch/strasbourg

Einreise

Trotz des Wegfalls der Grenzkontrollen sollten auch EU-Bürger ihre Personalpapiere mitnehmen; Schweizer benötigen den Reisepass bzw. die Identitätskarte. Für Autofahrer reichen der nationale Führerschein und die Zulassung, die grüne Versicherungskarte ist zu empfehlen.

Feiertage

Neujahr, Karfreitag, Ostermontag, 1. Mai (Tag der Arbeit), 8. Mai (Ende des Zweiten Weltkrieges), Christi Himmelfahrt, 14. Juli (Nationalfeiertag), 15. August (Mariä Himmelfahrt), 1. Nov. (Allerheiligen), 11. Nov. (Ende des Ersten Weltkriegs), 25. und 26. Dez. (Weihnachten).

Fundbüro

Bureaux des Objets Trouvés, 15, Petite rue de la Course (Bahnhof). Tel. 03 88 13 68 00

Geld

Die Währungseinheit in Frankreich ist der Euro.

An Bankschaltern mit entsprechenden Symbolen kann man mit Bankkarte (Cirrus- oder Maestro-Symbol obligatorisch) bzw. mit international gebräuchlichen Kreditkarten und PIN-Nummer Bargeld abheben. Gängige Kreditkarten werden in den meisten Hotels und Restaurants akzeptiert.

Urlaubskasse	
Tasse Kaffee	2,80 €
Softdrink	2,80 €
Glas Bier	3 €
Snack (Tarte Flambée)	6,80 €
Kugel Eis	2 €
Taxifahrt (Kurzstrecke 10–12 km)	20 €
Mietwagen/Tag	ca. 65 €
1l Superbenzin	1,20 €

Information

■ **Straßburg: Office de Tourisme (O.T.) de Strasbourg et sa Région,** 17, pl. de la Cathédrale (am Münster), 67000 Strasbourg, Tel. 03 88 52 28 28, Fax 03 88 52 28 29, www.ot-strasbourg. com; Zweigstelle im Bahnhofsgebäude; Infopavillon an der Europabrücke am Grenzübergang Kehl, Tel. 03 88 61 39 23. Öffnungszeiten aller Büros tgl. 9–19 Uhr.

■ **Elsass: Agence de Développement Touristique du Bas-Rhin,** 9, rue du Dôme, 67000 Strasbourg, Tel. 03 88 15 45 80, Fax 03 88 75 67 64, www.tourisme67.com; **Comité Régional du Tourisme d'Alsace,** 20 a, rue Berthe Molly, 68000 Colmar, Tel. 03 89 24 73 50, Fax 03 89 24 73 51, www.tourisme-alsace.com

■ **Frankreich:** Maison de la France (www.franceguide.com): Zeppelinallee 37, 60325 Frankfurt/Main, Tel. 09 00/ 157 00 25, info.de@franceguide.com; Rennweg 42, Postfach 7226, 8023 Zürich, Tel. 0 44/2 17 46 00 und Rue de Lausanne 11, 1201 Genf, info.ch@franceguide.com; Lugeck 1–2, 1010 Wien, Tel. 09 00/25 00 15, info.at@ franceguide.com

Notruf

■ **Ambulanz/Notarzt SAMU:** Tel. 15
■ **SOS Médecins:** Tel. 03 88 75 75 75
■ **Feuerwehr:** Tel. 18
■ **Polizei:** Tel. 17
■ **Gendarmerie:** Tel. 03 88 37 52 99
■ **Pannenhilfe/Abschleppdienst** (Automobil Club d'Alsace): Tel. 03 88 36 04 34, www.automobileclub.org

Öffnungszeiten

■ **Kleinere Läden** haben Mo–Sa meist 9–12 Uhr und 14–19 Uhr geöffnet. Mo morgens oder Mi mittags haben einige kleine Geschäfte geschlossen. Bäckereien, Lebensmittelläden, Souvenirshops sowie Tabak- und Blumenläden haben So geöffnet.

■ **Supermärkte und Kaufhäuser** öffnen meist um 9 Uhr und schließen zwischen 18.30 und 20 Uhr (z.B. Les Halles).

■ **Banken** haben Mo–Fr 9–12 und von 14–17 Uhr Schalterstunden.

■ Die Öffnungszeiten von **Museen, Kirchen** und **Sehenswürdigkeiten** sind sehr unterschiedlich. Für die städtischen Museen gilt: Mo–Fr 12–18 und Sa, So 10–18 Uhr, Di geschl.

Post/Internet

Postämter sind Mo–Fr von 8 bis 18.30 Uhr und Sa bis 12 Uhr geöffnet. Hauptpost: 5, av. de la Marseillaise; Postamt am Münster: 5, pl. du Château. Briefmarken gibt es auch im Bar-Tabac.

Aktuelle Adressen von Internetcafés findet man auf der Webseite www. worldofinternetcafes.de.

■ **Netpost-Center:** 7, rue Division Leclerc, Tel. 03 88 22 99 12
■ **Net sur Cour,** 18, quai des Pêcheurs, Tel. 03 88 35 66 76
■ **Cyber Café L'Utopie,** 21, rue Fossé des Tanneurs, Tel. 03 88 23 89 21

Stadttouren

■ 90-minütige **Führungen** durch die Altstadt auch auf Deutsch organisiert das Office de Tourisme. Sa 15 Uhr, Juli/ Aug. und Dez. auch Fr, 6,80 €, mit Straßburg-Pass 3,40 €. Es gibt auch Führungen zu speziellen Themen (z.B. Mittelalter, Goethe, Jüdisches Leben, Europaviertel). Für 5,50 € (plus 100 € Kaution) kann man im Verkehrsamt für 3 Std. einen Audioguide leihen und mithilfe einer Wegekarte Straßburg im eigenen Tempo erkunden.

■ Die **Minitram** fährt vom Münsterplatz durch die Altstadt bis ins Gerberviertel. Unterwegs gibt es Kommentare in vier verschiedenen Sprachen. Fahrkartenverkauf bei Abfahrt, Dauer 40 Min., Tel. 03 88 77 70 03.

Telefon/Handy

Télécartes (Telefonkarten) für Telefonzellen gibt es im Postamt und in Tabakläden (Bar-Tabac). Manche Telefonzellen funktionieren auch mit Kreditkarten (Visa-, Master-, Maestrocard). Bei den zehnstelligen französischen Telefonnummern gibt es keine Vorwahl, alle Nummern müssen eingegeben werden. Nummern, die mit 0800 beginnen, sind gebührenfreie Servicenummern. Tipps zum Telefonieren im Internet unter www.frankreich-info.de/reisen/infos/telefon.htm.

Handys funktionieren in Frankreich problemlos (an Tankstellen verboten). Infos zu Netzanbietern und Roaming-Kosten in Frankreich bietet die Webseite www.teltarif.de/i/ reise-frm.html.

Internationale Vorwahlnummern:
- Deutschland 00 49
- Österreich 00 43
- Schweiz 00 41
- Frankreich 00 33

Zeitungen

Die Straßburger »Dernières Nouvelles d'Alsace« (DNA) ist die wichtigste elsässische Tageszeitung. Sie erscheint auch in einer z.T. deutschsprachigen Ausgabe. Unter »Aujourd'hui à Strasbourg« findet man den aktuellen Veranstaltungskalender sowie die Telefonnummern von Ärzten und Apotheken. Mittwochs gibt es eine Vorschau auf kulturelle Ereignisse.

Zoll

Reisende aus EU-Ländern können Waren für den eigenen Bedarf unbegrenzt ein- und ausführen. Schweizer über 17 Jahren dürfen einmal täglich zollfrei in die Schweiz einführen: 2 l Wein bis 15 % Alkohol und 1 l Spirituosen über 15 % Alkohol. Bis zu einem Wert von 300 CHF pro Person sind Lebensmittel für den privaten Verbrauch abgabenfrei. Darüber hinaus sind 200 Zigaretten oder 50 Zigarren erlaubt.

Gut zu wissen

■ **Museen:** Die Straßburger Museen haben im Vergleich zu anderen Städten unorthodoxe Öffnungszeiten. Als Faustregel gilt: Mo–Fr 12–18 und Sa, So 10–18 Uhr. Einige Museen sind am Montag, andere am Dienstag geschlossen und grundsätzlich alle am 1. Mai. Am 1. So im Monat ist der Eintritt in alle Museen gratis.

■ **Rauchen:** 2008 wurde das Rauchverbot von öffentlichen Gebäuden auf die gesamte Gastronomie (Restaurants, Kneipen, Diskotheken) ausgedehnt. Auch die Hotels weisen immer mehr Nichtraucherzimmer aus.

■ **Sicherheit:** Auch wenn Straßburg eine recht sichere Stadt ist, sollte man sich vor Taschendieben hüten. Dies gilt insbesondere für das Gerberviertel, den Münsterplatz, die Weihnachtsmärkte und alle Orte, wo Gedränge herrscht. Der PKW sollte auf einem gesicherten Parkplatz abgestellt werden.

■ **Straßburg-Pass:** Der Pass berechtigt 3 Tage lang zu einem kostenfreien Museumsbesuch, dem Aufstieg zur Münsterplattform, der Besichtigung der Astronomischen Uhr, einer Bootstour und einem Mietfahrrad für einen halben Tag. Auf den Eintritt zu weiteren Sehenswürdigkeiten, Stadtführungen und Fahrten mit der Mini-Tram werden Ermäßigungen gewährt. Der Pass ist im Office de Tourisme erhältlich und kostet für Erwachsene 11,90 €, für Kinder 5,90 €.

■ **Toiletten:** Öffentliche WCs sind rar. Zwei recht ordentliche befinden sich vor dem Musée de l'Œuvre Notre Dame und am Quai de la Petite France.

Register

Bildnachweis

Alle Fotos Catch-the-Day/Manfred Braunger außer: Alamy/Sagaphoto.com/S. Gauthier: U2-Top12-10, 105; Bildagentur Huber/R. Schmid: U2-Top12-3; Fotolia.com/Jean-Jacques Cordier: U2-Top12-12; Fotolia.com/Sven Hoppe: 9, 126; Fotolia.com/Yvann K: 132; Fotolia.com/Panorama.de: U2-Top12-7; Fotolia.com/reises: U2-Top12-4; Ralf Freyer: 30, 35, 58, 122, 125, 129, 135; Herbert Hartmann: 38; laif/hemis: 97; laif/hemis.fr/Philippe Body: 32; laif/hemis.fr/Armand Chicurel: 67; laif/hemis.fr/Bertrand Rieger: 51; laif/Kirchner: U2-Top12-2; laif/Ogando: U2-Top12-5; LOOK-foto/age fotostock: 13, 74; LOOK-foto/Sabine Lubenow: U2-Top12-1, 124; LOOK-foto/Ingolf Pompe: 31; LOOK-foto/Heinz Wohner: 6; Mauritius images/Rene Mattes: 118; Pixelio/Alexander Bartl: 71; Pixelio/Mic.Ro: 100; Pixelio/misch43: 8; Pixelio/Tilo Schüler: U2-Top12-9; Pixelio/Stihl024: U2-Top12-6; Royal Palace: 41; Walter Storto: 62; Hanna Wagner: U2-Top12-8, 1, 14, 23, 79, 89; Wikipedia/Jean Claude Hatterer: 98; Wikipedia/The Yorck Project: 52; WikipediaCommons/rama: 69; Ernst Wrba: 2-2, 108.

Polyglott im Internet: www.polyglott.de

Impressum

Wir freuen uns, dass Sie sich für einen Reiseführer aus dem Polyglott-Programm entschieden haben. Auch wenn alle Informationen aus zuverlässigen Quellen stammen und sorgfältig geprüft sind, lassen sich Fehler nie ganz ausschließen. Wir bitten um Verständnis, dass der Verlag dafür keine Haftung übernehmen kann. Ihre Hinweise und Anregungen sind uns wichtig und helfen uns, die Reiseführer ständig weiter zu verbessern. Bitte schreiben Sie uns:

Polyglott Verlag, Redaktion, Postfach 40 11 20, 80711 München, redaktion@polyglott.de

Wir wünschen Ihnen eine gelungene Reise!

Bei Interesse an Anzeigenschaltung wenden Sie sich bitte an:
Langenscheidt KG, Herrn Lachmann
Tel.: 089/3 60 96-438, E-Mail: m.lachmann@langenscheidt.de

Herausgeber: Polyglott-Redaktion
Autoren: Claudia Christoffel-Crispin, Gerhard Crispin,
Manfred Braunger (S. 74/75, S. 108/109) und Corina Oosterveen
Neukonzeption: Corina Oosterveen
Redaktion: Anja Lehner
Bildredaktion: Anja Lehner und Ulrich Reißer
Layout: Ute Weber, Geretsried
Titeldesign-Konzept: Studio Schübel Werbeagentur GmbH, München
Karten und Pläne: Polyglott-Kartografie, kartografische Bearbeitung Kartographie Huber
Satz: Schulz Bild & Text, Hamburg
Druck: Himmer AG, Augsburg
Bindung: »Butterfly«-Bindeverfahren zum Patent angemeldet durch
Kolibri Industrielle Buchbinderei GmbH 2008

PT 09M1 ♦ 10C10

Langenscheidt Mini-Dolmetscher Französisch

Allgemeines

Guten Tag.	Bonjour. [bõ**sehur**]
Hallo!	Salut! [ßa**lü**]
Wie geht's?	Ça va? [ßa **wa**]
Danke, gut.	Bien, merci. [bjẽ märßi]
Ich heiße ...	Je m'appelle ... [sehõ ma**päll**]
Auf Wiedersehen.	Au revoir. [o röwoar]
Morgen	matin [ma**tẽ**]
Nachmittag	après-midi [aprämi**di**]
Abend	soir [ßoar]
Nacht	nuit [nüi]
morgen	demain [dö**mẽ**]
heute	aujourd'hui [o**sehu**rd**üi**]
gestern	hier [jär]
Sprechen Sie Deutsch?	Parlez-vous allemand? [par**le** wu al**mã**]
Wie bitte?	Pardon? [par**dõ**]
Ich verstehe nicht.	Je ne comprends pas. [sehö nö köprã pa]
Sagen Sie es bitte nochmals.	Pourriez-vous répéter, s'il vous plaît? [purje wu repete ßil wu **plä**]
..., bitte.	..., s'il vous plaît. [ßil wu **plä**]
danke	merci [märßi]
Keine Ursache.	De rien. [dö **rjẽ**]
was / wer / welcher	quoi / qui / quel [koa / ki / käll]
wo / wohin	où [u]
wie / wie viel	comment / combien [ko**mã** / kõ**bjẽ**]
wann / wie lange	quand / combien de temps [kã / kõ**bjẽ** dö **tã**]
warum	pourquoi [pur**koa**]
Wie heißt das?	Comment ça s'appelle? [ko**mã** ßa ßa**päll**]
Wo ist ...?	Où est ...? [u ä]
Können Sie mir helfen?	Pouvez-vous m'aider? [puwe wu mä**de**]
ja	oui [ui]
nein	non [nõ]
Entschuldigen Sie.	Excusez-moi. [äks**küse moa**]
Das macht nichts.	Ça ne fait rien. [ßa nö fä **rjẽ**]

Sightseeing

Gibt es hier eine Touristeninformation?	Est-ce qu'il y a une information touristique ici? [äskilja ün ẽformaßjõ turistik ißi]

[rechte Spalte]

Haben Sie einen Stadtplan / ein Hotelverzeichnis?	Avez-vous un plan de la ville / une liste des hôtels? [awe wus ẽ plã dö la wil / ün list des_o**täll**]
Wann ist das Museum / die Kirche / die Ausstellung geöffnet?	Quelles sont les heures d'ouverture du musée / de l'église / de l'exposition? [käl ßõ les_ör duwär**tür** dü **müse** / dö le**glihs** / dö läksposißjõ]
geschlossen	fermé [fär**me**]

Shopping

Wo gibt es ...?	Où est-ce qu'il y a ...? [u äskil**ja**]
Wie viel kostet das?	Ça coûte combien? [ßa kut kõ**bjẽ**]
Das ist zu teuer.	C'est trop cher. [ßä tro **schär**]
Das gefällt mir. / Das gefällt mir nicht.	Ça me plaît. / Ça ne me plaît pas. [ßa mö **plä** / ßa nö mö plä **pa**]
Gibt es das in einer anderen Farbe / Größe?	Ça existe dans une autre couleur / taille? [ßa äksist däs_ün otrö ku**lör** / taj]
Ich nehme es.	Je le prends. [sehö lö **prã**]
Wo gibt es hier eine Bank?	Où est-ce qu'il y a une banque ici? [u äskilja ün bäk ißi]
Ich suche einen Geldautomaten.	Je cherche un guichet automatique. [sehö schärsch ẽ gischä otoma**tik**]
Geben Sie mir 100 g Käse / zwei Kilo Pfirsiche.	Donnez-moi cent grammes de fromage / deux kilos de pêches. [done moa ßã gram dö fro**maseh** / döh **kilo** dö päsch]
Haben Sie deutsche Zeitungen?	Avez-vous des journaux allemands? [awe wus de **sehu**r**no** al**mã**]
Wo kann ich telefonieren / eine Telefonkarte kaufen?	Où est-ce que je peux téléphoner / acheter une télécarte? [u äskö **sehö** pöh telefone / aschte ün telekart]

Notfälle

Ich brauche einen Arzt / Zahnarzt.	J'ai besoin d'un médecin / dentiste. [sehe bösoẽ dẽ medsẽ / dã**tist**]
Rufen Sie bitte einen Krankenwagen / die Polizei.	Appelez une ambulance / la police, s'il vous plaît. [aple ün äbu**läs** / la polis ßil wu **plä**]

Wir hatten einen Unfall.	On a eu un accident. [õ‿na ü ẽn‿akßidä]
Wo ist das nächste Polizeirevier?	Où est le poste de police le plus proche? [u ä lö post dö polis lö plü prosch]
Ich bin bestohlen worden.	On m'a volé. [õ‿ma wole]
Mein Auto ist aufgebrochen worden.	On a fracturé ma voiture. [õn‿a fraktüre ma woatür]

Essen und Trinken

Die Speise-karte, bitte.	La carte, s'il vous plaît. [la kart ßil wu plä]
Brot	pain [pẽ]
Kaffee	café [kafe]
Tee	thé [te]
mit Milch / Zucker	au lait / sucre [o lä / ßükrə]
Orangensaft	jus d'orange [schü doräsch]
Suppe	soupe [ßup]
Fisch / Meeres-früchte	poisson / fruits de mer [poassõ / früi dö mär]
Fleisch / Geflügel	viande / volaille [wjäd / wolaj]
Beilage	garniture [garnitür]
vegetarische Gerichte	cuisine végétarienne [küisin wesehetarjänn]
Eier	œufs [öh]
Salat	salade [ßalad]
Dessert	dessert [dessär]
Obst	fruits [früi]
Eis	glace [glass]
Wein	vin [wẽ]
weiß / rot / rosé	blanc / rouge / rosé [blä / rusch / rose]
Bier	bière [bjär]
Aperitif	apéritif [aperitif]
Wasser	eau [o]
Mineralwasser	eau minérale [o mineral]
mit / ohne Kohlensäure	gazeuse / non gazeuse [gasös / nõ gasös]
Limonade	limonade [limonad]
Frühstück	petit déjeuner [pöti deschöne]
Mittagessen	déjeuner [deschöne]
Abendessen	dîner [dine]
eine Kleinigkeit	un petit quelque chose [ẽ pöti källkə schohs]
Ich möchte bezahlen.	L'addition, s'il vous plaît. [ladißjõ ßil wu plä]
Es war sehr gut. / Es war nicht so gut.	C'était très bon. / Ce n'était pas si bon. [ßetä trä bõ / ßö netä pa ßi bõ]

Im Hotel

Ich suche ein gutes Hotel / ein nicht zu teures Hotel.	Je cherche un bon hôtel / un hôtel pas trop cher. [schö schärsch ẽ bõn‿otäll / ẽn‿otäll pa tro schär]
Ich habe ein Zimmer reserviert.	J'ai réservé une chambre. [sehe resärwe ün schäbr]
Ich suche ein Zimmer für ... Personen.	Je cherche une chambre pour ... personnes. [schö schärsch ün schäbr pur ... pärßonn]
Mit Dusche und Toilette. Mit Balkon.	Avec douche et toilette. [awäk dusch e toalätt] Avec balcon. [awäk balkõ]
Wie viel kostet das Zimmer pro Nacht?	Quel est le prix de la chambre par nuit? [källˍä lö pri dö la schäbr par nüi]
Mit Frühstück?	Avec petit déjeuner? [awäk pöti deschöne]
Kann ich das Zimmer sehen?	Est-ce que je peux voir la chambre? [äskö schö pöh woar la schäbr]
Haben Sie ein anderes Zimmer?	Est-ce que vous avez une autre chambre? [äskö wusˍawe ün otrə schäbr]
Das Zimmer gefällt mir (nicht).	La chambre me plaît / ne me plaît pas. [la schäbr mö plä / nö mö plä pa]
Kann ich mit Kreditkarte bezahlen?	Est-ce que je peux payer avec une carte de crédit? [äskö schö pöh päje awäk ün kart dö kredi]
Wo kann ich parken?	Où est-ce que je peux laisser ma voiture? [u äskö schö pöh lässe ma woatür]
Können Sie das Gepäck in mein Zimmer bringen?	Pourriez-vous apporter mes bagages dans la chambre? [purje wu aporte me bagasch dä la schäbr]
Wo ist der Speisesaal?	Où est la salle à manger? [u ä la ßalˍa mäsche]
Wecken Sie mich morgen bitte um 7 Uhr!	Réveillez-moi demain matin à sept heures, s'il vous plaît! [rewäje moa dömẽ matẽ a Bätˍör ßil wu plä]
Es fehlen Handtücher / Kleiderbügel.	Il manque des serviettes de toilette / des cintres. [il mäk də ßärwjät dö toalät / de ßẽtr]

1 Bootsfahrt auf der Ill
2 Winstub
3 Elsässische Keramik
4 Straßburger Münster
5 Musée de l'Oeuvre Notre Dame
6 Delikatessen-Shopping
7 La Petite France
8 Musée d'Art Moderne et Contemporain
9 Weihnachtsmärkte
10 Historischer Weinkeller
11 Musée Alsacien
12 Colmar

Zeichenerklärung der Karten

6 Top 12 Tipp

□ beschriebenes Stadtviertel (Seite=Kapitelanfang)

32 oder A Sehenswürdigkeiten

—5— Tourenvorschlag in Stadt

Autobahn
Schnellstraße
Hauptstraße
sonstige Straßen
Fußgängerzone
Eisenbahn
Staatsgrenze
Landesgrenze
Nationalparkgrenze

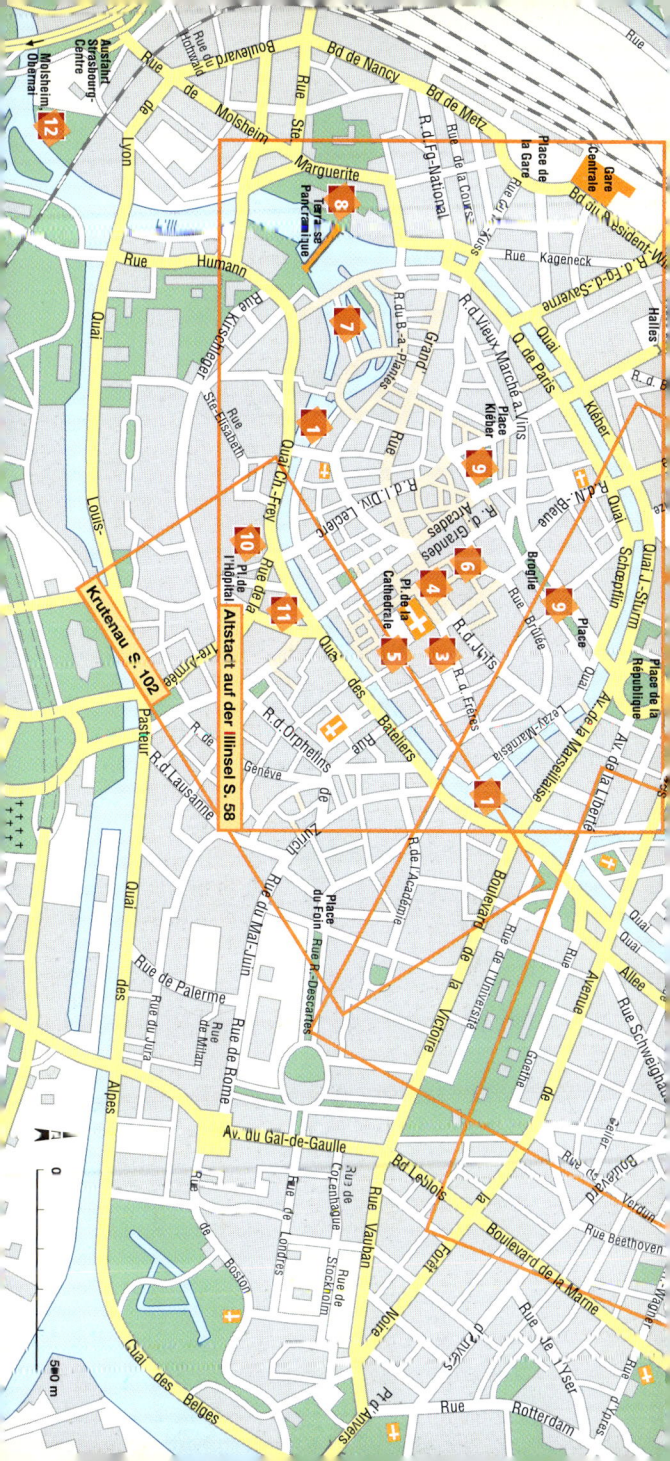

Straßburg und seine Viertel

In Straßburg prallen Kontraste aufeinander: Der mittelalterliche Charakter der **Altstadt auf der Illinsel** umfasst auch die Fachwerkidylle des Gerberviertels, sowie die Adelspaläste im Pariser Stil des Französischen Viertels. Ihr historisches Flair bewahrt hat die **Krutenau** südöstlich der Illinsel. Preußische Prachtbauten prägen das **Deutsche Viertel** im Norden, während im **Europaviertel** im Nordosten kosmopolitisch-futuristische Atmosphäre herrscht.

Touren in der Altstadt auf der Illinsel

› **Münsterviertel (ca. 1 Std.)** Stadtprägend ist das Münster mit seiner Fassade aus rosa Sandstein. Der Münsterplatz – die Place de la Cathédrale – ist der Treffpunkt der Straßburger und Startpunkt für Shoppingtouren durch Designerläden und Feinkostgeschäfte.

› **Zwischen Münster und Gerberviertel (ca. 1 Std.)** Einen Spaziergang durch das einst verrufene Viertel erlebt man heute als echtes Highlight. Idyllische Gassen, Kanäle sowie viele Weinlokale und Cafés warten hier.

› **Petite France (ca. 1,5 Std.)** Genießen Sie auf dem Pont St-Martin den Blick auf malerische historische Fachwerkhäuser, alte Mühlen und Brücken.

› **Französisches Viertel (ca. 2 Std.)** Von Rokoko und Klassizismus geprägt ist der nördliche Teil der Altstadt. Man begibt sich auf eine Zeitreise in das 17. und 18. Jahrhundert.

Tour durch die Krutenau

› **Der Charme des Alltäglichen (ca. 1 Std.)** Das Straßburg der Einheimischen lockt mit historischem Flair, preiswerten Lokalen und regem Nachtleben. Vom Nachbarschaftstreff bis zum Szene-Lokal ist alles geboten.

Tour durch das Deutsche Vierte

› **Preußische Prachtentfaltung (ca. 1 Std.)** Das im 19. Jahrhundert geplante Stadtviertel protzt mit breiten Prachtboulevards, großzügigen Plätzen und imposanten Verwaltungsbauten

Tour durch das Europaviertel

› **Das moderne Straßburg (ca. 1 Std.)** In der Nähe des EU-Parlaments und weiterer Europa-Bauten wimmelt es in geschäftigen Zeiten vor EU-Funktionären, Presseleuten und Dolmetschern. Ruhe bietet der Parc de l'Orangerie.